本书为国家社会科学基金一般项目
“中国淘宝村包容性创新模式、机理及演化路径研究”（18BGL035）成果
（结项鉴定等级：优秀）

中国淘宝村

包容性创新模式、机理及演化路径研究

范轶琳◎著

China's Taobao Villages

Research on the Inclusive Innovation Model, Mechanism and Evolutionary Path

ZHEJIANG UNIVERSITY PRESS
浙江大学出版社
·杭州·

图书在版编目(CIP)数据

中国淘宝村:包容性创新模式、机理及演化路径研究/范铁琳著. —杭州:浙江大学出版社,2022.11
ISBN 978-7-308-23228-9

Ⅰ.①中… Ⅱ.①范… Ⅲ.①电子商务-研究-中国
Ⅳ.①F724.6

中国版本图书馆 CIP 数据核字(2022)第 205038 号

中国淘宝村:包容性创新模式、机理及演化路径研究
范铁琳 著

策划编辑 吴伟伟
责任编辑 陈思佳(chensijia_ruc@163.com)
责任校对 郝 娇
封面设计 雷建军
出版发行 浙江大学出版社
(杭州市天目山路 148 号 邮政编码 310007)
(网址:http://www.zjupress.com)
排　　版 杭州星云光电图文制作有限公司
印　　刷 杭州钱江彩色印务有限公司
开　　本 710mm×1000mm 1/16
印　　张 13.25
字　　数 215 千
版 印 次 2022 年 11 月第 1 版 2022 年 11 月第 1 次印刷
书　　号 ISBN 978-7-308-23228-9
定　　价 68.00 元

前　言

进入21世纪以来，在全球发展中国家经济增长的同时，仍有大量金字塔底层(bottom/base of pyramid，BOP，指处于全球经济金字塔底层的低收入群体)无法分享经济增长所带来的机会与收益。实践表明，仍有相当部分的欠发达地区人口被排斥在传统的发展体系之外。如何通过创新实现包容性增长，已成为全球发展中国家的政策要点。对发展中的中国而言，如何在坚持农民主体地位的基本原则下探索一条包容性的乡村振兴之路成为关系国计民生的根本性问题，决定了共同富裕战略目标能否实现。

以浙江省义乌市青岩刘村为代表的淘宝村，为农民这一具有典型BOP属性的群体提供了一条可行的实践之路。凭借进入门槛低、技术难度小、初始资金需求量少等优势，淘宝村这一农村电子商务集聚形态为农民创造了参与市场的机会，有助于其克服经济性、地理性和社会性等结构性障碍，实现经济福利和社会福利的增长。作为发展中国家包容性创新的成功典范，淘宝村迅猛发展的态势与创新模式的多样性为包容性创新研究提供了绝佳的契机。然而当前淘宝村相关研究处于起步初期，多集中于空间分布特征、成因及演化机理、发展模式与转型升级、经济社会效应分析等领域，少有文献从包容性创新视角审视淘宝村的发展问题，且研究视角以经济学和地理学为主，研究方法多采用案例与质性分析，研究对象多聚焦于少数典型个案，未能在数理统计分析的基础上解析多数非典型样本背后的模式、机理及演化路径。这些理论缺口为本书指明了方向。

本书将淘宝村包容性创新定义为通过电子商务开发与实施新思想，为淘宝村网商个体创造机会平等地参与市场竞争，并提升其经济和社会福利。本书采用理论与实证研究、定性与定量研究相结合的方法，围绕“中国淘宝村包容性创新模式、机理及演化路径”这一基本命题展开研究，通过4个子研究逐层深入探究了如下 4 个科学问题:淘宝村包容性创新模式有哪些?不同创新模式背后的机理有何差异?不同创新模式之间如何进行演化?不同创新模式的绩效是否存在差异?子研究 1 在文献研究与分析性归纳的基础上梳理总结了中国淘宝村包容性创新的模式类型与特征,子研究 2 通过探索性多案例研究比较了不同淘宝村包容性创新模式背后的机理差异,子研究 3 通过多案例纵向研究探析了不同淘宝村包容性创新模式之间的演化过程,子研究 4 通过问卷调查探析了不同淘宝村包容性创新模式之间的绩效差异。本书的主要结论如下:

第一,淘宝村现存三种包容性创新模式。模式Ⅰ为自发驱动型,指初期拥有集群、专业市场、专业村等产业资源,由市场自发驱动经由复制裂变形成的淘宝村,具有显著的自下而上(bottom-up)特征,其发展关键是富有企业家精神的网商带头人,市场机会在此过程中起催化作用。模式Ⅱ为自发培育型,指初期无相关产业资源,由网商带头人培育产品后自发经由复制裂变形成的淘宝村,具有显著的自下而上和弱路径依赖性特征,其发展关键一是富有企业家精神的网商带头人,二是找准市场机会培育合适的产品。模式Ⅳ为政府驱动型,指初期拥有集群、专业市场、专业村等产业资源,由地方政府驱动经由电子商务服务商孵化形成的淘宝村,具有显著的自上而下特征,其初期发展关键在于地方政府,后期当网商自身具备“造血”能力时,向模式Ⅰ演化。

第二,现存三种淘宝村包容性创新模式的内在机理各有异同。在不同类型的包容性创新模式下,淘宝村内生状态和包容性创新驱动因素的构成要素存在差异,而创新集聚和包容性创新的构成要素并无不同。内生状态和包容性创新驱动因素的交互作用有助于淘宝村创新集聚的形成。淘宝村创新集聚的形成有助于实现包容性创新。

第三,现存三种淘宝村包容性创新模式的演化过程与机理各有异同。企业家精神和学习能力作为内部驱动因素,竞合压力和机会牵引作为外部驱动因素,合力推动了模式Ⅱ和模式Ⅳ两类淘宝村包容性创新模式的动态演化。“模式Ⅱ→模式Ⅰ”和“模式Ⅳ→模式Ⅰ”两条演化路径的不同阶段分别由不同的驱动因素发挥主导作用。地域文化传统和产业资源禀赋的差异,导致“模式Ⅱ→模式Ⅰ”和“模式Ⅳ→模式Ⅰ”两条演化路径不同阶段的主导因素各不相同。

第四,现存三种淘宝村包容性创新模式的绩效各有异同。企业家精神正向作用于福利增长和机会创造。学习能力正向作用于福利增长和机会创造。与模式Ⅱ相比,模式Ⅰ类型下企业家精神对福利增长和机会创造均有更强的正向作用,学习能力对福利增长和机会创造均有更强的正向作用。与模式Ⅳ相比,模式Ⅰ类型下企业家精神对福利增长和机会创造均无更强的正向作用,学习能力对机会创造有更强的正向作用,但对福利增长无更强的正向作用。

本书通过探析中国淘宝村包容性创新的模式、机理及演化路径,对相关理论进行了拓展与深化:

第一,打开了中国淘宝村包容性创新这一“黑箱”。本书以中国农村电子商务为情境,交叉融合包容性创新理论和淘宝村研究这两大新兴领域,从能力观和权变观视角打开了中国淘宝村包容性创新这一“黑箱”,通过探索性案例研究、多案例纵向研究、因子分析、层次回归分析等定性定量相结合的实证研究,揭示了中国淘宝村包容性创新的模式与机理,剖析了不同模式之间的演化过程与绩效差异,有助于构建中国情境下的本土化包容性创新理论。第二,深化并拓展了微观层面的淘宝村研究。现有的淘宝村研究总体仍处于发端与初探阶段,多聚焦于空间分布特征、成因及演化机理、发展模式与转型升级、经济社会效应等研究主题。研究视角以经济学和地理学为主,研究方法多采用质性分析,研究对象多聚焦于少数典型个案。本书从包容性创新的理论视角出发,在数理统计分析的基础上解析了多数非典型样本背后的模式、机理及演化路径,深化与拓展了微观层面的淘宝村研究。第三,构建了个体层面的淘宝村包容性创新测度量表。现有研究主要依靠经济统计数据构建包容性创新测度指标,且大多聚焦于国家或区域等宏观层面。本书结合公平理论、包容性创新理论和淘宝村研究,在网商认知的基础上,构建了个体层面的淘宝村包容性创新测度量表,与现有研究形成互补，丰富了尚处于概念探讨和摸索阶段，且仍以定性思辨为主的包容性创新研究，推动了未来微观层面包容性创新定量实证研究的开展。

本书亦为中国农村电子商务情境下的包容性创新实践提供了有益的启示，一方面为淘宝村的微观运营指明了方向，另一方面为政府的宏观政策提供了指导：

在微观运营方面，第一，通过厘清淘宝村包容性创新的模式与机理，有助于针对不同模式类型下内生状态和包容性创新驱动因素的构成要素，助推淘宝村创新集聚的形成；第二，通过揭示淘宝村包容性创新模式的演化机理，有助于针对不同演化阶段的主导驱动因素，助推模式Ⅱ和模式Ⅳ向模式Ⅰ演化；第三，通过探析淘宝村包容性创新模式的绩效问题，有助于针对不同模式情境下学习能力和企业家精神的作用机制，助推网商实现更高的包容性创新绩效。

在宏观政策方面，第一，通过明晰现存三种淘宝村包容性创新模式，为尚未发现淘宝村地区的政府因地制宜地根据地域文化传统和产业资源禀赋发展农村电子商务提供了可行的方向；第二，通过明晰淘宝村包容性创新模式背后的机理，帮助地方政府根据辖区淘宝村的包容性创新模式匹配不同的创新驱动因素，推动淘宝村创新集聚的形成，最终实现包容性创新；第三，通过明晰淘宝村包容性创新模式演化的三阶段和四大驱动因素，帮助已经发现淘宝村地区的政府判断淘宝村所处发展阶段，从而有的放矢地针对当前阶段的主导因素驱动淘宝村发展演化。

目　录

第一章

绪　论

第一节 研究背景

一、现实背景

进入 21 世纪以来,在全球发展中国家经济增长的同时,仍有大量金字塔底层(bottom/base of pyramid,BOP,指处于全球经济金字塔底层的低收入群体(Prahalad and Hart, 2002))无法分享经济增长所带来的机会与收益。实践表明,仍有相当部分的欠发达地区人口被排斥在传统的发展体系之外。如何通过创新实现包容性增长,已成为全球发展中国家的政策要点(United Nations, 2014)。对发展中的中国而言,如何探索一条包容性创新之路,从而为 BOP 群体创造机会以提升其经济和社会福利,成为当前亟待解决的关键问题之一。

伴随中国特色社会主义进入新时代,我国社会主要矛盾已经转化为人民日益增长的美好生活需要和不平衡不充分的发展之间的矛盾,其中,又以乡村的发展不平衡不充分问题最为突出。① 要解决好发展不平衡不充分问题,全面建设社会主义现代化国家,实现中华民族伟大复兴,重点难点在乡村、潜力后劲在乡村、基础支撑在乡村。② 当前,乡村的发展不平衡不充分问题主要表现在农民适应生产力发展和市场竞争的能力不足等诸多方面③,如何在坚持农民主体地位的基本原则下探索一条包容性的乡村振兴之路成为

①参见中国政府网:《习近平:决胜全面建成小康社会 夺取新时代中国特色社会主义伟大胜利——在中国共产党第十九次全国代表大会上的报告》(http://www.gov.cn/zhuanti/2017-10/27/content_5234876.htm)。

②参见中国政府网:《中共中央 国务院关于全面推进乡村振兴加快农业农村现代化的意见》(http://www.gov.cn/zhengce/2021-02/21/content_5588098.htm)。

③参见中国政府网:《中共中央 国务院印发〈乡村振兴战略规划(2018—2022 年)〉》(http://www.gov.cn/zhengce/2018-09/26/content_5325534.htm)。

关系国计民生的根本性问题（范轶琳等，2018），决定了共同富裕战略目标能否实现（刘培林等，2021）。

以浙江省义乌市青岩刘村为代表的淘宝村，为农民这一具有典型 BOP 属性的群体提供了一条可行的实践之路。[①] 截至 2021 年 9 月，全国共计发现 7023 个淘宝村，遍布于 28 个省份，总量已超全国行政村总数的 1%（阿里研究院和南京大学空间规划研究中心，2021）。凭借进入门槛低、技术难度小、初始资金需求量少等优势，淘宝村这一农村电子商务集聚形态为农民创造了参与市场的机会（崔丽丽等，2014），有助于其克服经济性、地理性和社会性等结构性障碍，实现经济福利（收入和就业）和社会福利（农村社会转型）的增长（范轶琳等，2015）。实践表明，淘宝村的创新发展过程具有较强的包容性。

在此背景下，聚焦中国淘宝村这一发展中国家包容性创新的成功典范，厘清其包容性创新模式、机理及演化路径，并就淘宝村的包容性创新发展提出策略和政策建议，有助于促进中国农村的包容性发展、推动乡村振兴和共同富裕战略的贯彻实施，同时对全球发展中国家的包容性创新实践具有重要的政策启示与借鉴意义。

二、理论背景

《商业研究》杂志 2010 年出版专刊，探讨了企业如何通过创新性的战略进入 BOP 市场从事商业运营，自此包容性创新（inclusive innovation）成为独立的研究领域（邢小强等，2015a）。包容性创新概念源于经济学、管理学、社会学等多学科的交叉融合，其理论渊源包括包容性增长（inclusive growth）和 BOP 战略。当前，学界对包容性创新的关注度呈逐年上升态势，各国学者从不同视角对其进行概念界定：从本质看，包容性创新是通过创新实现包容性增长的过程（吴晓波和姜雁斌，2012）；从主体看，包容性创新是企业等传统创新主体和 BOP 的价值共创与分享（邢小强等，2013）；从类型看，包容性

①参见中国政府网：《总理看上了哪些创业达人？》（http://www.gov.cn/xinwen/2015-03/20/content_2836563.htm）。

创新包含产品、服务、流程、制度、商业模式、供应链等多种形式的创新(Gebauer and Reynoso, 2013);从要素看,包容性创新包括参与创新的人、创新活动的类型、获取的结果范围、创新的治理机制等 4 个维度(Schillo and Robinson, 2017);从层级看,包容性创新包含意图、消费、影响、过程、结构、后结构等 6 个梯度(Heeks et al., 2014);从结果看,包容性创新是开发与实施新思想从而为 BOP 创造机会以提升其经济和社会福利(George et al., 2012)。

尽管包容性创新研究整体呈增长趋势,但从发文数量上看仍属于"小众"研究(陈元志和吉超, 2019),尚处于理论建构的初级阶段(邢小强等, 2015a)。迄今为止少有学者对包容性创新的概念进行严格的内涵界定与维度划分,后续深入的定量实证研究更为少见,既有研究多聚焦于理论框架(吴晓波和姜雁斌, 2012;邢小强等, 2015b)、创新体系(Mortazavi et al., 2021;邵希等, 2011;邢小强等, 2010)、典型案例(Harsh et al., 2018; Ogunniyi et al., 2017; Pansera and Owen, 2018; 范轶琳等, 2015)、政策建议(Foster and Heeks, 2013b; Klingler-Vidra and Liu, 2020; Merwe and Grobbelaar, 2018; 吉瑞, 2013; 刘琳琳, 2013; 邢小强等, 2015a;邢小强和赵鹤, 2016)等方面,较少关注创新模式、创新路径、创新绩效等议题,遑论在统合性的理论框架下融合上述议题,探析包容性创新模式的内在机理与演化过程。

中国淘宝村作为发展中国家包容性创新的成功典范,其迅猛发展的态势[①]与创新模式的多样性为包容性创新研究提供了绝佳的契机。然而当前淘宝村相关研究处于起步初期,多集中于空间分布特征、成因及演化机理、发展模式与转型升级、经济社会效应分析等领域(曾亿武等, 2020),少有文献从包容性创新视角审视淘宝村的发展问题,且研究视角以经济学和地理学为主(范轶琳等, 2018),研究方法多采用案例定性分析,研究对象多聚焦于少数典型个案,未能在数理统计分析的基础上解析多数非典型样本背后的模式、机理及演化路径。这些理论缺口为本书指明了方向。本书将淘宝

①阿里研究院统计,截至 2021 年 9 月,全国累计发现 7023 个淘宝村,遍布于 28 个省份,总量已超全国行政村总数的 1%。

村包容性创新定义为通过电子商务开发与实施新思想,为淘宝村网商个体创造机会平等地参与市场竞争,并提升其经济和社会福利,拟通过结构化的理论框架和定性定量相结合的实证研究,打开中国淘宝村包容性创新这一“黑箱”,为发展中国家数字经济背景下的包容性创新实践提供理论指导。本书的成果对深化与拓展既有的包容性创新研究具有重要的理论价值。

第二节　研究问题

基于上述现实与理论背景,本书围绕“中国淘宝村包容性创新模式、机理及演化路径”这一基本命题展开研究,力图揭示淘宝村包容性创新“黑箱”内部的机理。本书将逐层深入探究如下 4 个科学问题:淘宝村包容性创新模式有哪些?不同创新模式背后的机理有何差异?不同创新模式之间如何进行演化?不同创新模式的绩效是否存在差异?

第三节　研究方案

一、研究对象

本书的研究对象为中国淘宝村。根据阿里研究院的认定标准,淘宝村是指以农村地区的行政村为经营场所,电子商务年销售规模达 1000 万元以上[①],同时本村活跃网店数达到 100 家以上或达到当地家庭户数 10% 以上的电子商务专业村(阿里研究院等, 2019)。本书不限定淘宝村的上榜年份,也不限定淘宝村的产品类目,研究对象包括所有类型的淘宝村,含在新型城镇化过程中因“村改居”而调整的淘宝村。

①2020 年阿里研究院为淘宝村制定了新的交易额统计规则,即将农产品交易额视同两倍进行计算。

二、技术路线

技术路线是科学合理地解决研究问题的指导性框架，本书的技术路线如图1.1所示。第一，在理论梳理与实践认知的基础上，构建中国淘宝村包容性创新研究框架，提出4个紧密相关的研究问题。第二，子研究1在文献研究与分析性归纳的基础上梳理总结中国淘宝村包容性创新的模式类型与特征，为后续研究奠定基础。第三，子研究2通过探索性多案例研究比较不同淘宝村包容性创新模式背后的机理差异，并提出初始假设命题。第四，子研究3通过多案例纵向研究探析不同淘宝村包容性创新模式之间的演化过程，并进一步提出假设命题。第五，子研究4在现有理论与案例研究的基础上构建概念模型，发展研究假设，通过问卷调查探析不同淘宝村包容性创新模式的绩效差异。第六，在理论与实证研究的基础上，讨论本书的理论贡献、实践启示和未来研究方向。

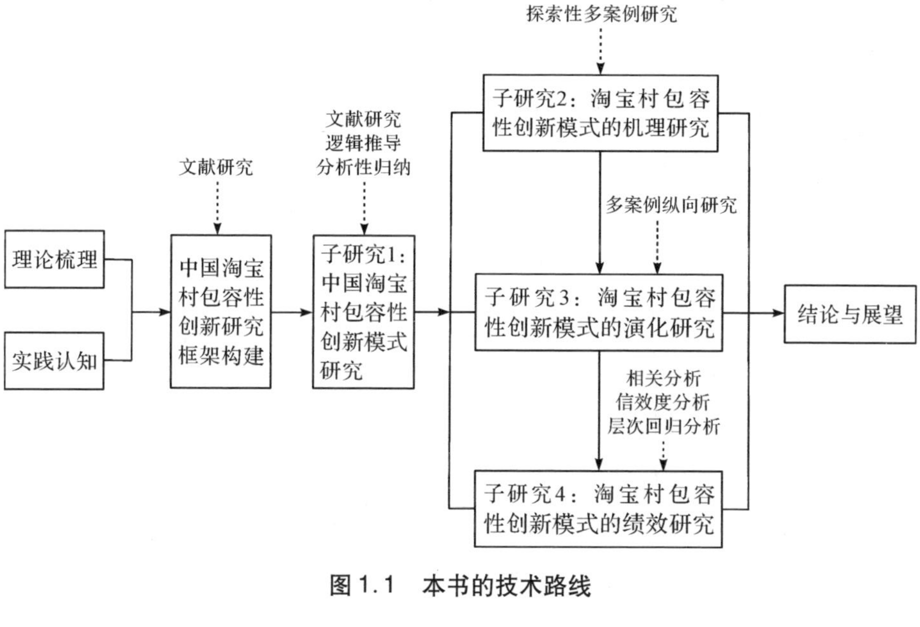

图1.1 本书的技术路线

三、研究方法

本书采用理论与实证研究、定性与定量研究相结合的方法，遵循“识别研究问题→文献研究与分析性归纳→案例研究→模型构建与发展假设→采集数据与实证分析→结论与展望”的思路逐层深入开展研究，主要运用如下两种研究方法：

第一，文献研究方法。首先收集、整理和分析包容性创新和淘宝村领域的研究文献，文献收集主要通过 Web of Science、EBSCO、Proquest、CNKI 等数据库和 Google Scholar 等文献检索平台进行关键词搜索，文献整理与分析工具为 Endnote X9。其次通过文献梳理和阅读，厘清包容性创新和淘宝村的研究现状，了解上述领域的重要研究问题、研究变量和研究方法。最后在广泛的文献阅读过程中反复思考研究现状与理论缺口，提出研究问题，形成研究思路。

第二，实证研究方法。主要分为定性实证研究方法和定量实证研究方法两类。定性实证研究方法包括子研究 1 的分析性归纳，子研究 2 和子研究 3 的多案例分析，数据来源于案例企业的访谈录音、访谈笔记和二手资料。定量实证研究方法包括子研究 4 的相关分析、信度效度分析和层次回归分析，数据来源于大样本问卷调查，问卷数据的统计分析主要应用 STATA 17.0 软件。

第四节 内容安排

本书分为绪论、文献综述、中国淘宝村包容性创新模式研究、中国淘宝村包容性创新模式的机理研究、中国淘宝村包容性创新模式的演化研究、中国淘宝村包容性创新模式的绩效研究、结论与展望七章，具体安排如下：

第一章为绪论。在现实与理论背景的基础上，提出研究问题，描述本书的研究对象、技术路线和研究方法，介绍内容安排，概述本书的主要创新点。

第二章为文献综述。对国内外包容性创新理论和淘宝村研究进行系统综述，在把握理论发展脉络和发展前沿的基础上找出现有研究缺口，明晰本书的切入点，奠定全书的理论基础。

第三章为中国淘宝村包容性创新模式研究。运用文献研究、逻辑推导和分析性归纳梳理总结中国淘宝村包容性创新的模式类型与特征，为后续的实证研究奠定基础。

第四章为中国淘宝村包容性创新模式的机理研究。运用探索性多案例方法对典型淘宝村展开研究，经过理论预设、案例选择、数据收集和分析，提出初始假设命题。

第五章为中国淘宝村包容性创新模式的演化研究。运用多案例纵向研究探析淘宝村包容性创新模式的演化路径、影响因素和演化机理，提出初始假设命题。

第六章为中国淘宝村包容性创新模式的绩效研究。在案例研究的基础上进行文献综述和逻辑推导，构建概念模型，发展研究假设，通过大样本问卷调查，运用层次回归分析对概念模型和研究假设进行实证检验。

第七章为结论与展望。概括本书的理论贡献和实践启示，分析本书的局限性及未来研究方向。

第五节 主要创新点

本书围绕“中国淘宝村包容性创新模式、机理及演化路径”这一基本命题，在充分借鉴现有理论与方法的基础上，通过有效的理论模型和规范的实证研究，在如下三方面开展了创新性的工作：

第一，揭示了中国淘宝村包容性创新的模式与机理。当前包容性创新领域仍处于理论建构的初级阶段，淘宝村研究亦刚起步，少有文献交叉融合这两大新兴领域，且已有研究多停留在对现象的描述和归纳层面，缺乏理论上的系统分析与总结。本书扎根于淘宝村这一中国独有的农村电子商务集聚形态，系统整合包容性创新理论和淘宝村研究，探析了淘宝村包容性创新的模式类型与特征，并通过结构化的理论框架解析了不同创新模式背后的内在机理，填补了上述研究缺口，有助于构建中国情境下的本土化包容性创新理论。

第二，剖析了中国淘宝村包容性创新模式的演化过程。既有的淘宝村研究迄今未对其发展模式形成统一的观点，遑论对模式间关系及演化机理的探析。本书从包容性创新的独特视角审视淘宝村的发展模式，通过多案例纵向研究探析了淘宝村包容性创新模式间演化的阶段、路径和驱动因素，并在对比模式间演化差异的基础上揭示了演化的内在机理，有助于打开淘宝村包容性创新模式演化“黑箱”，为包容性创新视角下的淘宝村演化研究提供新的洞见与理解。

第三，探析了中国淘宝村包容性创新模式的绩效差异。当前包容性创新和淘宝村两大研究领域均处于理论建构的初级阶段，质性研究占据主导地位，多采用定性思辨和案例研究方法，少有学者开展大样本数理统计分析。本书在大样本调查问卷的基础上运用层次回归分析比较了淘宝村包容性创新模式间的绩效差异，提升了研究结果的普适性，与既有的质性研究形成了良性互补，有助于推动未来淘宝村包容性创新领域定量实证研究的开展。

第二章

文献综述

本章将围绕第一章所提出的研究问题,对本书所涉及的主要理论及相关研究进行综述,从而明晰本书与既有研究之间的理论继承和拓展关系。首先,对包容性创新理论进行评述,追溯其理论起源与发展脉络,并对相关研究进行梳理,以明晰本书的视角;其次,对淘宝村的相关研究进行综述,厘清其学术史及研究动态,以明晰本书的对象;最后,对上述研究进行简要总结。

第一节　包容性创新研究综述

一、 包容性创新理论溯源:包容性增长理论

(一)包容性增长的概念

当前全球的贫困和不平等问题日益严重(联合国, 2020),在此背景下,“包容性增长”成为探索发展战略的政策关键词,联合国开发计划署(United Nations Development Programme)、世界银行(World Bank)、亚洲发展银行(Asian Development Bank)、经济合作与发展组织(Organization for Economic Cooperation and Development)、欧盟委员会(European Commission)等国际机构均将包容性增长理念列为指导思想与核心战略,包容性增长研究因此受到学界的关注。

在包容性增长概念的形成和发展过程中,亚洲发展银行和世界银行发挥了重要作用。早在 1966 年亚行就提出“要对地球的和谐增长做贡献”,1999 年的减贫战略(enhanced poverty reduction strategy)和 2006 年的第二个中期战略(medium-term strategy Ⅱ)更将包容性增长作为优先发展战略。亚洲发展银行对包容性增长的官方解释是倡导机会平等的增长,即通过高速和可持续的增长以创造和扩大经济机会,同时确保社会成员广泛平等地参与增长并从中受益(Asia Development Bank, 2018)。世界银行认为,最好的

减贫政策需要建立包容性的制度，提供广泛的机会，而不是将增长政策和公平政策割裂开（World Bank, 2006）。2008 年，世界银行增长与发展委员会发表《增长报告：可持续增长和包容性发展的战略》，明确提出要实现包容性和可持续的增长。随后，Anand et al.（2013）和 Ianchovichina and Lundstrom（2012）等经济学家指出，包容性增长应通过为投资创设公平的竞争环境并增加就业机会以实现经济增长的速度（pace）和分配（distribution）目标。

目前，学界尚未形成对包容性增长的统一定义，学者们从不同角度对包容性增长做了概括。

Conceição et al.（2001）将包容性增长定义为包含所有国家的每位公民在内的发展过程；Chatterjee（2005）认为，包容性增长是广泛参与并致力于减少贫困和社会排斥的过程；Cook（2006）认为，包容性增长是提升市场准入和降低交易成本的过程；Ali and Son（2007b）认为，包容性增长是社会机会的益贫式增长（pro-poor improvement）；Loutfy（2009）认为，包容性增长是将边缘群体纳入发展行动的过程；蔡荣鑫（2009）作为国内研究的先行者，认为包容性增长是消除贫困者的权利贫困和所面临的社会排斥，实现机会平等和公平参与；Ianchovichina and Lundstrom（2009）认为，包容性增长是涉及公平、机会均等、市场和就业过渡保护的增长；Bisht et al.（2010）认为，包容性增长是改善基础设施和提升可进入性（accessibility）（包括机会和活动）的过程；Kanbur and Rauniyar（2010）认为，包容性增长是收入与非收入（包括教育和健康等）层面不平等的减少；Zhuang（2010）将包容性增长定义为促进机会平等的增长；李刚（2011）认为，包容性增长是参与共享、可持续发展、重塑增长价值观的增长；George et al.（2012）认为，包容性增长是难以获得资源、能力和机会的弱势群体在经济福利和社会福利上的增长；Adedeji et al.（2013）将包容性增长定义为社会机会曲线的最大化，即在增加机会的同时公平地分配机会；Abosede and Onakoya（2013）认为，包容性增长是为贫困者创造就业机会以增加其收入、资产和其他社会商品，同时刺激竞争和经济总量的增长；De Haan（2015）认为，包容性增长是对中低收入家庭产生公平公正结果的经济增长；Pouw and Gupta（2017）认为，包容性增长是通过就业机会及再分配机制以实现共享的增长；Raheem et al.（2018）将包容性增长界定为致力于解决贫困、不平等、失业等社会经济发展问题的增长；Jeyacheya and Hampton（2020）认为，包容性增长是在扩大经济规模的同时减少贫困和不平等现象的增长。

现有对包容性增长概念的研究如表2.1所示。

表2.1　包容性增长概念比较

文献	核心	过程/结果	收入/非收入
Conceição et al.（2001）	包含所有国家的每位公民	过程	收入
Chatterjee（2005）	广泛参与，减少贫困和社会排斥	过程	收入和非收入
Cook（2006）	提升市场准入，降低交易成本	过程	非收入
Ali and Son（2007b）	社会机会的益贫式增长	结果	非收入
Loutfy（2009）	将边缘群体纳入发展行动	过程	收入和非收入
蔡荣鑫（2009）	机会平等和公平参与	过程和结果	收入与非收入
Ianchovichina and Lundstrom（2009）	公平、机会均等、市场和就业过渡保护	过程和结果	收入和非收入
Bisht et al.（2010）	改善基础设施，提升可进入性	过程	非收入
Kanbur and Rauniyar（2010）	降低不平等	结果	收入和非收入
Zhuang（2010）	促进机会平等	过程	收入和非收入
李刚（2011）	参与共享和可持续发展	过程和结果	收入和非收入
George et al.（2012）	经济福利和社会福利的增长	结果	收入和非收入
Adedeji et al.（2013）	增加机会的同时公平地分配机会	过程	收入
Abosede and Onakoya（2013）	为贫困者创造就业机会以增加其收入、资产和其他社会商品	过程和结果	收入和非收入
De Haan（2015）	对中低收入家庭产生公平公正结果	结果	收入
Pouw and Gupta（2017）	通过就业机会及再分配机制以实现共享	过程和结果	收入和非收入
Raheem et al.（2018）	解决贫困、不平等、失业	过程	收入和非收入
Jeyacheya and Hampton（2020）	减少贫困和不平等	过程和结果	收入和非收入
Asia Development Bank（2018）	倡导机会平等和广泛受益	过程和结果	收入
World Bank（2006）	提供广泛的机会	过程	收入和非收入

注：在Klasen（2010）的基础上补充整理而来。

综上,尽管学者们对包容性增长的定义各有侧重,但其核心无外乎两点:第一,包容性增长力求在可持续发展过程中实现经济社会的公平性(Adedeji et al., 2013; De Haan, 2015; Ianchovichina and Lundstrom, 2009);第二,包容性增长的核心内涵是机会平等和成果共享(Zhuang, 2010; 杜志雄等, 2010; 李刚, 2011)。应当说,包容性增长理念的形成是人们对贫困认识深化的必然结果。权利贫困揭示了贫困的本质是贫困者所享有权利的贫困,当贫困者的权利受到剥夺时就会造成机会的不平等,从而产生社会排斥(蔡荣鑫, 2009)。包容性增长倡导包括贫困人口在内的所有群体都能参与经济增长并做出贡献,同时合理分享增长成果(范铁琳和吴晓波, 2011)。包容性增长主要体现为过程公平(机会平等)(Ali and Zhuang, 2008; Chatterjee, 2005; Conceição et al., 2001; Hay et al., 2020; Loutfy, 2009; Raheem et al., 2018)和结果公平(公平分享)(Ali and Son, 2007a; Hay et al., 2020; Kanbur and Rauniyar, 2010; Raheem et al., 2018),实现包容性增长的关键在于能力(Ali, 2007; United Nations Development Programme, 2017; Zhuang, 2008)和制度建设(Ali and Yao, 2004; Raheem et al., 2018; Rauniyar and Kanbur, 2010)(见图 2.1)。

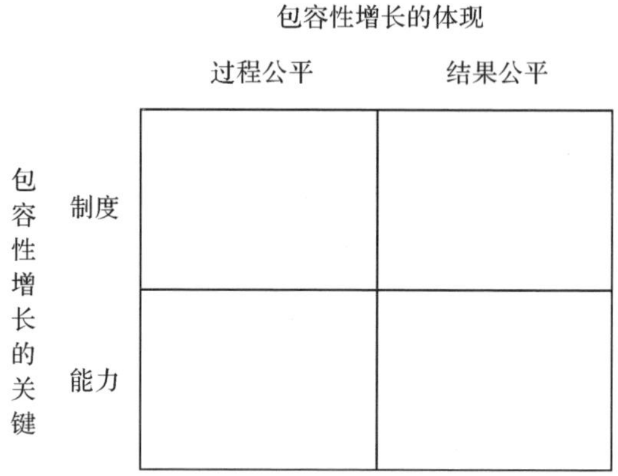

图 2.1　包容性增长的核心要义

(二)包容性增长的测量

与成熟的经济发展指数不同,由于包容性增长概念的相对新生属性

(Ngepah, 2017)及缺乏广泛接受的操作性测量方法(Whajah et al., 2019),学界对其的测量研究仍处于起步阶段,对这一有别于传统经济增长的多维概念的理解仍不够清晰。少数学者尝试从静态和动态两大视角对包容性增长的测量进行探索。

在静态视角下,包容性增长研究多关注社会福利、社会排斥、减贫等,在测量指标上体现为人均GDP、就业率、基础设施配套、贫困人口占比等,代表性的文献包括:Ramos et al.(2013)通过对贫困(按购买力平价计算每天低于2美元的人口占比)、不平等(基尼系数)、就业(就业人口比的倒数)数据进行最小—最大归一化建立包容性指数,对全球43个国家的包容性增长状况进行了比较研究;陈红蕾和覃伟芳(2014)运用Malmquist-Luenberger和Hicks-Moorsteen指数,通过数据包络分析(data envelopment analysis,DEA)对1980—2011年中国省际包容性全要素生产率(total factor productivity,TFP)进行了估算、比较和分析;Aoyagi and Ganelli(2015)用无差异曲线测量包容性增长,实证分析了中国、老挝、马来西亚、蒙古、印尼等亚洲10个国家包容性增长的影响因素,并提出了相应的政策建议;Berdegué et al.(2015)用人均收入、贫困和收入不平等的发生率这3个变量测量包容性增长,分析了智利、哥伦比亚和墨西哥农村地区城市化对包容性增长的影响;Tella and Alimi(2016)用人均GDP衡量包容性增长,实证研究了1995—2012年健康和人口增长对非洲14个国家包容性增长的影响;范轶琳(2016)采用李克特量表,从过程公平和结果公平两大维度对中小企业的包容性增长进行测度,实证研究了集群共享性资源对中小企业包容性增长的影响机制;Shearer and Berube(2017)构建了包含经济的增长性、繁荣性、包容性三大维度10余个指标的包容性增长测量体系,对2010—2015年美国100个都市区的包容性增长进行了比较研究;范建双等(2018)采用基于Hicks-Moorsteen指数的数据包络分析,测算了经济包容性全要素生产率,通过空间计量模型分析了城镇化和城乡差距对经济包容性增长的直接影响与溢出效应;张勋等(2019)结合中国数字普惠金融指数和中国家庭追踪调查(China Family Panel Studies,CFPS)数据,用农村居民的收入和创业行为两个指标测度包容性增长，实证研究了数字金融的发展对包容性增长的影响；Jalles and Mello (2019)用人均GDP和基尼系数测量包容性增长，采用Logit和多项式Probit模型实证分析了1980—2013年78个国家包容性增长的影响因素；静牛华等(2020)同样采用人均GDP和基尼系数两个指标测度包容性增长，实证研究了中国企业对外直接投资对“一带一路”沿线国家包容性增长的影响；Oyinlola et al.(2020)用人均GDP的对数作为包容性增长的代理变量，通过广义矩估计法实证研究了撒哈拉以南非洲27个国家的治理在资源调集与包容性增长关系中的作用。

在动态视角下，包容性增长研究更关注人的能力培养，在测量指标上体现为受教育比率、预期寿命、医疗服务获得率等，代表性的文献包括：Ali and Son(2007a)认为，就业和生产率、人的能力发展、社会保障是包容性增长的三大测量指标，就业和生产率指收入的实质性增长，人的能力发展指教育、医疗、粮食和饮用水等的供给，社会保障指帮助个体和家庭抵御长期贫困(chronic poor)和短期贫困(transient poor)，具体可分为私人保障和公共保障，前者基于社区且大多由非正式部门提供，后者由公共部门提供，包括社会服务、社会援助、政府转移支付等；Fernando(2008)认为，包容性增长体现在六大方面，即拥有良好的治理能力、为贫困人口提供更多的卫生服务、为贫困人口提供有效的安全保障、提升贫困人口把握机会的能力、提升贫困人口参与生产和竞争的能力、促进贫困人口的生产性就业并提升其生活水平；Klasen(2010)认为，包容性增长的测量指标主要包括绝对贫困(收入低于2.5美元/天)是否减少、贫困人口就业是否增长、收入和非收入不平等是否减少、贫困地区和人口面临的体制性和结构性障碍是否得到根除、人的能力是否得到提升、穷人的非收入性福利如住房等是否得到改善等；McKinley(2010)构建了一套包含经济增长、生产性就业、基础设施、贫困、不平等、人的能力、社会保障等7个维度30个指标的包容性增长测量体系，对孟加拉国、柬埔寨、印尼、菲律宾和乌兹别克斯坦5个国家的包容性增长状况进行了实证分析；魏婕和任保平(2011)运用模糊综合评价法，构建了包含增长前提条件、增长过程、增长结果3个二级指标，教育基尼系数、城乡收入比、人均受教育年限等35个三级指标在内的包容性增长测量体系，对中国1978—2009年经济增长的包容性进行了考察与测度；De Haan（2015）提出包容性增长的测量应包含增长、再分配、参与三大维度，覆盖经济、人力资本、政治/治理、社会四大领域的20余个指标（如人均GDP、基尼系数、人类发展指数、制度强度、社会凝聚力等）；文雁兵（2015）采用国家统计局和中国统计学会开发的中国地区发展与民生指数（development and life index，DLI）测度包容性增长，实证分析了2000—2012年包容性增长对省际贫困状况的影响作用；胡育蓉和齐结斌（2016）同样采用DLI指数（涵盖经济发展、民生改善、社会发展、生态建设、科技创新5个方面）测度包容性增长，实证分析了包容性增长的空间效应，以及经济对外开放对增长包容性的影响；Beatty et al.（2016）构建了一套包含收入、生活成本、劳动力市场排斥、产出增长、就业、人力资本等六大维度18个指标的包容性增长监测体系，对2010—2014年英格兰39个本地企业合作伙伴地区进行了监测与比较；Whajah et al.（2019）在亚洲发展银行24个包容性增长测量指标的基础上，运用主成分分析法产生包容性增长的唯一测量变量，通过固定效应模型检验了2000—2004年非洲54个国家的政府规模、公共债务与包容性增长之间的关系；Kamah et al.（2021）在世界治理指数（worldwide governance indicators，WGI）与世界发展指数（world development indicators，WDI）的基础上运用主成分分析法构建了包容性增长指数，对撒哈拉以南非洲国家的包容性增长与环境可持续性的关系进行了实证检验。

纵观上述研究，无论静态抑或动态视角下的包容性增长测量，其研究方法大致可归为三类：第一类以因子分析/主成分分析和综合评价相结合的方法为主，通过构建包容性增长指数进行测量，目前在学界最为常见；第二类以数据包络分析为主，大多基于Malmquist-Luenberger和Hicks-Moorsteen指数测算包容性全要素生产率，目前以国内学者为主；第三类以问卷调查分析为主，通过构建基于受访者主观评分的李克特量表，从不同维度对包容性增长进行测量，目前相对较为小众。

（三）包容性增长的政策

政策是推动包容性增长的基础因素（Ali and Son，2007b）。现有研究大

多认为,积极有效的政策通过推动经济增长、确保机会平等、提供社会保障实现包容性增长:

推动经济增长。经济增长是包容性增长的前提与基础(Anand et al., 2013; Ianchovichina and Lundstrom, 2009; Zhuang, 2008; 杜志雄等, 2010),经济的高速与持续增长能创造大量的就业机会(Ali and Zhuang, 2008; Felipe and Hasan, 2006)。政府应消除市场失灵和制度障碍,保护私有产权并完善相关法律以促进私营经济的发展,同时加强与私营机构的合作(Fernando, 2008; Zhuang, 2008),鼓励私营企业进入优势产业,通过技术创新和体制创新提升竞争力(Lin, 2004),从而推动经济增长。此外,政府还应通过提高农业收入和加快城市化发展带动经济增长(Ali, 2007)。

确保机会平等。应提升贫困人口的能力以确保资源和机会的平等获取,主要的提升手段包括提供教育(Bisht et al., 2010)、医疗(杜志雄等, 2010)和社会服务(Zhuang,2008)。政府应在增加人力资本相关投入的同时,不断加大对农业和农村基础设施的投入,保障农村地区的道路、通信、电力及清洁饮用水供应(Ali and Yao, 2004; Rauniyar and Kanbur, 2010),此类基础设施在增长过程中发挥了催化作用(Barua and Sawhney, 2015),如印度农村的电信中心有效促进了包容性增长(Naik et al., 2012)。此外,还应通过价格、财政和金融手段提升农民的市场能力(周文和孙懿, 2011)。

提供社会保障。政府应提供社会保障以满足贫困人口的最低生活需求,同时减轻自然灾害、经济危机和产业结构调整等短期外部冲击的影响(Zhuang, 2008)。社会保障的主要目的一是保证贫困人口的最低生活需求,二是帮助贫困人口抵御风险、从事潜在的高回报活动并最终脱贫(Holzmann and Jørgensen, 2001)。此外,社会保障还为弱势群体争取更多的发展机会提供了可能(Fernando, 2008),诸如社会保险和社会福利(De Haan, 2015)、社会救助(Barrientos and Malerba, 2020)、劳动力市场政策和儿童保护(Rauniyar and Kanbur, 2010)等社会保障形式通过影响人力资本积累和劳动力再分配,有助于实现包容性增长。

综上所述,本书认为,政府应纠正市场、体制和政策失灵,消除社会排斥和不平等，创设公平的竞争环境，使得被排斥的社会群体能够更为公平地参与发展利益的分配，并为那些因先天条件致贫或确实无法通过自身努力脱贫的群体提供必要的社会保障，从而实现静态的包容性增长。更重要的是，将政策运用的基点着眼于不断提升被排斥社会群体的能力，为其参与经济增长提供持续的动力，从而实现动态的包容性增长。

二、包容性创新理论溯源：BOP 战略

（一）BOP 战略的概念

BOP 概念最早由 Prahalad and Hammond（2002）提出，《哈佛商业评论》刊发了二人撰写的“Serving the World's Poor, Profitably”一文，呼吁全世界最富有的公司（多为跨国公司）开拓 BOP 细分市场业务以寻求商业利润，这成为 BOP 战略的诞生标志。传统商业逻辑认为，企业遵循 80% 收入来源于 20% 高收入客户的帕累托法则，极少会将资源投放于 BOP 市场，穷人的需求因此未能得到有效满足。与之相反，BOP 战略认为处于全球经济金字塔底层的低收入群体蕴含着巨大的需求，企业通过倾听并满足来自发展中国家的需求，可在实现经济回报和增长机会等商业利益的同时改善穷人的生活条件，从而在创造社会价值的基础上解决贫困问题（Prahalad, 2004）。不同于慈善捐赠和企业社会责任（corporate social responsibility, CSR）等概念，BOP 战略的核心在于让企业在减贫过程中发挥关键性作用，即企业通过文化敏感、经济赢利、环境可持续的方式向穷人提供所需的产品和服务（London, 2008）。这种基于市场的解决方案为破坏性创新（disruptive innovation）提供了理想的试验场（testing ground），通过研发环境可持续的技术和产品，企业在发展中国家的实践为后续将此类技术和产品拓展至发达国家提供了竞争优势（Prahalad and Hart, 2002）。

学者们将上述战略命名为 BOP 1.0，根据 Landrum（2007）的观点，BOP 1.0 是基于西方理论和政策的利润驱动型战略，追求利润最大化。因此，企业认为采用营利策略进入 BOP 市场和西方商业惯例下的负责任或可持续业务并无差别。然而本质上，BOP 1.0 存在不少问题，引发了诸多来自学界的

质疑：首先，存在先天的错误假设，认为发展中国家将遵循发达国家的发展轨迹，并将随着时间的推移最终被西方文化所同化（London and Hart, 2004; Peredo and Chrisman, 2006），这无疑是一种公司帝国主义（corporate imperialism）（Hart, 2005b; Newell, 2008）；其次，将穷人视为消费者，鼓励跨国公司在发展中国家实施业务增长战略，会导致穷人用本就微薄的收入购买可能不需要且实际上难以负担的产品（Dembek et al., 2020），对穷人而言，缺乏收入的严峻性远高于商品与服务的匮乏所带来的危害（Karnani, 2009）；最后，跨国公司将业务触角拓展至发展中国家，可能会导致本地生产商的消亡（Garrette and Karnani, 2010; Newell, 2008），且资源基础上的压力和对他人所在生态空间的过度使用，会进一步加剧发展的不平衡（Newell, 2008）。

鉴于此，学界在对 BOP 1.0 进行修正的基础上于迭代出 BOP 2.0 战略。BOP 2.0 概念始于 Karnani（2007b）和 Simanis et al.（2008）等学者，其核心是价值共创，即从“卖给穷人”转变为“与穷人进行商业合作”，此时穷人从消费者转变为商业伙伴（Simanis et al., 2008），公司与其合作生产提供给 BOP 甚至是 TOP（top of pyramid，金字塔顶层的高收入群体，与 BOP 相对）市场的产品和服务（Arora and Romijn, 2012; Karnani, 2007b）。概括而言，就是穷人作为生产者参与企业价值链或价值网络以获取能力并提升经济回报（邢小强等，2019）。如果说 BOP 1.0 更多是基于跨国公司现有的结构与战略，BOP 2.0 则强调在公司内部正式创建研发“空白地带”（white space）（Dembek et al., 2020），即在传统的公司架构、指标和惯例之外搭建新平台从事 BOP 业务的开发（通常采用社会创业的形式），同时充分利用公司现有的资源和能力（Simanis et al., 2008）。与 BOP 1.0 相比，BOP 2.0 更关注社会和环境问题（Dembek et al., 2020），此时跨国公司面临的根本性战略机遇和挑战是学习“关闭金字塔底部的环境循环”（close the environmental loop at the BOP）（Simanis et al., 2008）。此外，BOP 2.0 试图解决 Hart（2010）所谓的“巨大的权衡错觉”（great trade-off illusion），即在本地嵌入和庞大的企业规模之间、在满足穷人需求和地球生态系统能力之间进行权衡，这意味着跨国公司与穷人共创企业应采用小规模全商业模式测试(small-scale full business model tests),以催生嵌入本地社区、满足本地需求且功能全面的业务(Simanis et al., 2008)。

与BOP 1.0一样,BOP 2.0亦存在不足之处。将穷人作为生产者纳入经济体系,将其描绘成富有韧性的商业伙伴,可能会导致对相关保护性法律、法规及社会机制的关注不足,过分强调小额信贷而非提供长久的就业机会(Karnani, 2009)。此外,BOP 2.0同样鼓励不可持续的消费行为,然而,作为与穷人共创价值的企业,不应仅关注赢利,还应作为更广泛社会的重要组成部分,对众多利益相关者而非仅对股东负责(Davidson, 2009),唯此,才能潜在地增加业务成功的机会(Dembek et al., 2020)。遗憾的是,多数实施BOP 1.0和2.0战略的企业要么彻底失败,要么表现远低于预期(Dasgupta and Hart, 2015)。

在此背景下,Pedrozo(2015)和Cañeque and Hart(2015)等学者进一步迭代出BOP 3.0战略。如果说BOP 1.0将穷人视为消费者,BOP 2.0将穷人视为商业伙伴,BOP 3.0则将穷人视为在自我管理过程中实施治理的生产型创业者,拥有对管理和商业伙伴关系的绝对控制权,能够自主选择生产什么、如何生产以及给谁生产,同时拥有对产品和服务价值的自主分配权(Pedrozo, 2015)。作为对BOP 1.0和2.0战略在减贫领域少有成功的直接回应(Dasgupta and Hart, 2015),3.0战略下的BOP创业者作为利益相关者关系中的主体,积极寻求合作伙伴以获取财务、管理、生产技术、产品研发、销售渠道等多方面的支持,同时共享知识与技能(Pedrozo, 2015),通过跨部门的合作伙伴网络构建更为广泛的创新生态系统,从而更大程度地提升BOP群体的福利水平(Mason et al., 2017)。Cañeque and Hart(2015)认为,BOP 3.0试图通过开放式创新和基于大众智慧(wisdom of the crowd)的参与式治理结构,寻求BOP 1.0和2.0难以想象的解决方案。因此,BOP 3.0战略下的创新是互动的、包容的、社会性的和可持续的创新(Pedrozo, 2015)。当前,BOP 3.0战略仍在不断演化,学者们普遍认为BOP 3.0战略需重新定义贫穷这一概念,将其从单一的收入维度转向涵盖社会、政治、经济、情感甚至文化的多维概念(Cañeque and Hart, 2015; Yurdakul et al. , 2017)。此外，应将更多的关注点从跨国公司、社会企业和价值共创企业转移到 BOP 社区情境下的本地创业企业(Chmielewski et al. , 2020)。

BOP 战略的演化过程如表 2.2 所示。

表 2.2　BOP 战略的演化

战略	BOP 1.0	BOP 2.0	BOP 3.0
BOP 角色	消费者	生产者(商业伙伴)	生产型创业者
商业模式	卖给穷人	商业合作，价值共创	自下而上的模式，在自我管理过程中实施治理
合作方式	深度倾听	深度对话	跨部门的合作伙伴关系与网络
主张	降低价格	拓宽想象	BOP 创业者自主分配产品和服务价值
策略	重新设计包装，拓宽销售渠道	联合能力，建立共同承诺	BOP 创业者之间共享知识与技能
技术	技术产品和服务	新的可持续技术	面向可持续的社会技术
关系	非政府组织协调的公平交易关系	非政府组织促进的公司与 BOP 个体生产者的直接关系	BOP 创业者发起与利益相关者的直接关系
创新形式	结构创新	合并创新	互动式创新、包容性创新、社会创新、可持续创新

注：在 Dembek et al. (2020) 和 Pedrozo(2015)的基础上补充整理而来。

(二)金字塔底层战略的商业模式

商业模式概念最初伴随着互联网和电子商务的兴起而被研究(Amit and Zott, 2001)，随后逐渐演变成一般意义上的管理学概念被用于分析几乎所有行业的商业活动(邢小强等, 2011)。出于研究目的的差异，不同学者对商业模式有不同的理解(Zott et al. , 2011)，学界迄今未对其内涵和构成要素达成共识。广义的商业模式被描述为阐述企业运作方式的故事(Magretta, 2002)，狭义的商业模式意指通过利用商业机会以创造价值的交易内容、交易结构和交易治理方式(Zott and Amit, 2010)。Morris et al. (2005)将商业模式分为经济、运营和战略 3 个层次；George and Bock(2011)将商业模式分为资源结构、交易结构和价值结构 3 个维度；Teece(2010)和

Yunus et al.(2010)认为,商业模式包括价值主张、价值创造和利润公式3个关键要素;Osterwalder and Pigneur(2010)认为,商业模式包含关键资源、关键活动、关键伙伴关系、价值主张、客户关系、客户细分、成本结构、利润流和渠道9个组成部分。

BOP市场为商业模式提供了有趣的实证场景(Massa and Tucci, 2013; Thompson and MacMillan, 2010)。企业在BOP市场运营需要面对各种壁垒(Chesbrough et al., 2006; London et al., 2010; Prahalad, 2004),如难以获取财务资源、消费者不了解产品或服务、弱政府(腐败、基础设施缺乏)(Gebauer et al., 2017)、分散的供应商、尚未开发的商业生态系统、穷人的需求未必能转化为市场需求和利润机会等(Karamchandani et al., 2011),商业模式的设计与开发有助于克服上述壁垒(Simanis, 2011)。对BOP企业而言,商业模式至关重要。根据定义,BOP企业需要创造共同价值,即在创造利润的同时帮助穷人减贫(Dembek and York, 2020)。然而,企业在BOP市场却面临高失败率,因为很多企业仍然习惯从传统视角来解读商业模式,即为客户提供价值、吸引客户为价值付费、将客户付费转化为利润的一整套机制(Teece, 2010)。这种传统的商业模式框架只包含客户和企业两个利益相关者,且价值多体现在财务方面,难以应对发展中国家贫困问题的复杂性(Dembek and York, 2020)。

在此背景下,学者们尝试探析BOP市场情境下的商业模式类型。Sanchez and Ricart(2010)通过多案例研究探析了影响BOP市场商业模式创新的因素,提炼出隔离式(isolated)和交互式(interactive)两种BOP市场情境下的商业模式类型,隔离式的特点是利用型战略,即利用企业自身的资源和能力寻求效率的提升,交互式的特点是探索型战略,即通过企业外部资源推动学习和创新的过程。张利平等(2011)以中国农业产业化为研究背景,以4个涉农企业为案例研究对象,运用多案例研究法,归纳出两类面向BOP的商业模式创新类型——探索BOP市场蕴含机会的探索型创新和深度挖掘开发BOP资源的利用型创新,并在此基础上探讨了社会嵌入(关系嵌入性和结构嵌入性)如何影响企业面向BOP的商业模式创新。谷盟等(2021)将BOP情境下的商业模式设计分为效率型和新颖型两类，在商业生态系统理论和限制理论的基础上，通过问卷调查法实证研究了创新包容性对商业模式设计的影响，以及低成本竞争战略和差异化竞争战略在创新包容性和商业模式设计关系中的调节作用。

更多的学者关注 BOP 市场情境下商业模式的要素/维度划分。邢小强等（2011）通过多案例研究探析了 BOP 市场商业模式的五大构成要素——本地能力、价值主张、价值网络、盈利模式、关键活动，各要素彼此并非独立，而是相互依存、相互影响，整体表现为价值创造、传递与分享的系统。Themaat et al.（2013）在 Osterwalder and Pigneur（2010）研究的基础上重新梳理了 BOP 市场情境下商业模式的九大要素——关键伙伴关系、关键活动、关键资源、价值主张、渠道、顾客界面、顾客、成本结构、价格，并将这九大要素与效用（utility）、价格（price）、成本（cost）、采用（adoption）四大战略相结合，构建了 BOP 市场情境下商业模式设计的标准流程。

Pels and Kidd（2015）在吸收传统商业模式创新要素的基础上，以阿根廷社会企业Sistema Ser/CEGIN 为研究对象，通过单案例分析提炼了 BOP 市场情境下商业模式创新的理论框架，即产业模式创新（战略层）、收入模式创新（经济层）、社会收益公式（社会层）、企业模式创新（运营层）、终端用户（消费者行为特征）5 个要素共同构成商业模式创新的三大维度——企业中心、环境、终端用户。Angeli and Jaiswal（2016）通过对 6 个卫生保健组织的案例研究发现，要实现包容性的医疗保健服务，需要实施患者需求共创、社区参与、客户持续参与、创新性医疗技术、聚焦人力资本健康、战略合作伙伴关系、规模经济和交叉补贴的商业模式，文章在此基础上提出了 BOP 情境下的商业模式概念模型，包含价值发现、价值主张、价值创造和价值分配四大维度。田宇等（2016）通过对武陵山片区 7 家典型新创企业的多案例研究，探析了欠发达地区新创企业商业活动中本地能力（自然资源、知识技能、制度禀赋、硬件设施）、社会嵌入（结构嵌入、关系嵌入）与商业模式构建（价值主张、价值创造、价值传递、价值获取）之间的交互影响机制。

Gebauer et al.（2017）认为，在 BOP 市场情境下，价值主张、价值创造和利润公式这三大商业模式要素应兼具包容性、复杂性、协作性和可扩展性。包容性指企业通过开展业务活动促进当地经济发展，尤其是鼓励穷人参与其中(Kolk et al.，2014)，通过价值共创和自我服务降低成本并创造就业(Karnani，2009)，从而更好地满足因文化风俗和BOP家庭/社区变化而产生的高度异质性需求(Viswanathan et al.，2010)；复杂性指企业需要应对其所产生的经济、社会和环境影响之间的微妙关系(Elkington，2004)，如当赢利能力不足时企业带来的社会影响既不能持续也无法增加(Polak and Warwick，2013)；协作性指企业通过与其他组织合作创造价值以更好地应对BOP市场中的壁垒(Thompson and MacMillan，2010)；可扩展性指企业通过将按次收费或小额信贷嵌入利润公式以解决因BOP脆弱波动的低收入所导致的市场壁垒，从而快速地拓展商业模式(Gebauer and Saul，2014)。

Scott(2017)认为，BOP市场情境下的商业模式应包含社区互动、合作伙伴、本地能力建设、必须解决的壁垒四大主题：社区互动指企业通过各种方式让当地社区参与其中，与社区领导人合作以建立合法性，并了解社区内的规范和非正式制度(London et al.，2010)；合作伙伴指企业与包括公共机构、非市场参与者、社区成员、非政府组织、商业公司、社会企业在内的各类实体组织合作(Rivera-Santos and Rufin，2010)，近年来常见的形式为益贫式公私合作(pro-poor public-private partnership，5P)(Chaurey et al.，2012)；本地能力建设指在企业边界之外共享能力和资源，以增强本地技能、资源并填补制度空缺(London and Hart，2004)，这一过程为点对点学习创造了机会(Wheeler et al.，2005)，有助于培训本地BOP创业者；必须解决的壁垒指企业需要填补融资、教育、产品维护和质量控制等方面的制度空缺，以克服融资支持、产品信息、教育培训、市场营销、分销网络等壁垒(Scott，2017)。

Ausrod et al.(2017)解构了BOP市场情境下商业模式的四大要素——价值主张、本地供应链、顾客界面、融资：价值主张包含产品价值和社会价值(Linna，2013)，即不仅为顾客提供价值，同时为生态系统提供价值；使用本地供应链是让更多的行动者参与价值主张的方法之一(Hart and London，2005)，当地社区作为生产者参与其中(Gold et al.，2013)，能够增加整条供应链的财富（Matos and Silvestre, 2013）；顾客界面方面，企业需要从非传统合作伙伴如社会边缘群体处获取深度客户智能（deep customer intelligence）（Martinez and Carbonell, 2007），与早期顾客进行交流能够帮助企业了解BOP 市场的消费者行为（Linna, 2013）；融资方面，BOP 市场的关键挑战是如何应对消费者较低的可支配收入（Subrahmanyan and Gomez-Arias, 2008），为穷人提供类似于格莱珉银行（孟加拉乡村银行）小额信贷的做法最为常见（Yunus et al., 2010）。

Mason and Chakrabarti（2017）将认知、组织、社会、制度和地理五种临近性（Boschma, 2005）与商业模式的三大维度技术（technologies）、市场发售（market offerings）、网络架构（network architectures）（Mason and Spring, 2011）相结合，通过多案例研究归纳出三种 BOP 市场情境下的典型商业模式设计——BOP 生产 BOP 消费、BOP 生产发达市场消费、发达市场生产 BOP 消费。杜松华等（2018）在社会网络和本地能力理论基础上，针对粤东北地区的 8 个典型案例，采用扎根理论分析法，探析了技术性本地能力、社会化本地能力、社会嵌入对 BOP 可持续商业模式（可持续价值主张、可持续金融模式、可持续供应链、可持续客户界面四大维度）的影响机理，由此提炼出BOP 可持续商业模式的四大命题。邢小强等（2019）基于数字技术与商业模式创新及其互动视角，通过对抖音和快手两家互联网短视频行业头部公司的案例分析，运用扎根理论研究法，归纳出与 BOP 相关的数字技术和商业模式创新的构念维度与主要特征，建立了数字技术与 BOP 商业模式创新（信息平等的价值主张、BOP 内容生产者赋能、“智能 + 人工”内容推荐、BOP 社交网络拓展、共享式价值获取五大要素）协同推动包容性市场建设的理论框架。Dembek and York（2020）以马尼拉制鞋公司 Habi 为研究对象，通过案例研究探析了 Habi 如何通过可持续的商业模式设计与 BOP 供应商共创价值的过程与机理，并将可持续商业模式界定为通过卓越的客户价值创造具有竞争优势且有益于公司和社会可持续发展的商业设计，包含追求利润、商业模式视角、时间框架、价值获取四大维度。

综上，当前学界对 BOP 情境下的商业模式研究仍处于初探阶段，国内外相关文献数量仍然较少，对商业模式的内涵和构成要素仍未达成共识，BOP情境下商业模式创新的前因和作用机制亦处于“黑箱”状态，研究方法以定性思辨和案例研究为主，总体而言仍属于“小众”研究领域。

（三）金字塔底层战略的创新

综观现有文献，金字塔底层战略的创新类型多样，大致涵盖了社会创新、破坏性创新、节俭式创新、包容性创新、商业模式创新等。商业模式创新在前述小节已做概述，包容性创新在后续小节将做介绍，本小节将着重梳理BOP市场情境下的社会创新、破坏性创新和节俭式创新。

社会创新指满足低收入顾客迫切需求的商业上可行的创新（Kolk et al.，2014；Prahalad，2004；Tulder et al.，2013）。本质而言，社会创新提供了一种对社会问题更为新颖、高效和可持续的解决方案，从而为整个社会而非某一个体创造价值（Phills et al.，2008）。为了产生重大的社会影响，无论是有形产品（如清洁炉灶）还是无形服务（如小额信贷）的社会创新，都必须被大量人群使用和传播。组织作为重要参与者，其形式/类型直接影响社会创新的传播过程（Vassallo et al.，2019）。对混合式组织和社会企业的相关研究发现，将营利目标与社会/环境目标结合的企业往往会面临组织冲突，从而影响组织绩效甚至威胁组织生存（Battilana and Dorado，2010；Battilana and Lee，2014；Fosfuri et al.，2016；Ramus and Vaccaro，2017）。目标之间的不兼容会导致不同目标追随者之间的内部摩擦，大量的利益相关者更会引发治理和合法性挑战（Battilana and Lee，2014；Ebrahim et al.，2014）。Vassallo et al.（2019）对非营利性、准营利性和营利性3种混合组织形式与社会创新的关系进行实证研究，结果发现，准营利性混合组织在BOP市场更为普遍，非营利性混合组织在较低发展水平的市场更为普遍，营利性混合组织则在较低社会多样性的市场更为普遍。除了组织形态之外，学者们从多维视角对社会创新的影响因素进行了研究。Onsongo（2019）以肯尼亚M-Pesa案例为研究对象，探析了BOP市场情境下制度创业与社会创新的关系，研究发现，创业者可以利用市场、政策、社会三种制度空缺进行社会创新，增强社会创新合法性的3种方法包括满足目标顾客的基本需求、与决策者的早期持续合作、重新定义现有技术和新技术。Varadarajan(2014)针对BOP市场公共基础设施缺失问题,提出了实现可持续发展的公共政策概念框架,该框架认为,针对不可持续的重点产品、本质上低需求的产品、生态上有害的替代产品这三类公共产品,应分别采取消除、减少和重新导向的消费行为政策,才能产生积极的经济、环境和社会影响。

破坏性创新可被理解为创新者(如跨国公司等)率先进入BOP市场,并在此基础上不断向高端市场渗透,最后将旧技术逐出市场(Hart, 2005a)。发展中国家的BOP市场为破坏性创新提供了理想的试验场和发展平台(Hart and Christensen, 2002),这是因为BOP市场中为数众多的非消费群体正是破坏性创新理想的目标人群,这些人被现有产品排除在外或是现有产品不能很好地满足其需求,因此希望获得比主流市场更简单的产品并愿意为之付费(Christensen, 1997)。此外,在BOP市场建立的业务模型具有极强的可移植性,能够便利地运用到高端市场(Christensen and Raynor, 2003)。尽管如此,跨国公司在BOP市场实施破坏性创新仍会面临社会和制度的双重挑战(Adegbile and Sarpong, 2018),社会挑战包括对BOP消费者缺乏了解(Nakata and Weidner, 2012)、缺乏经济和信息基础设施、缺乏融资和分销渠道等(Kolk et al., 2014),制度挑战包括制度距离和正式制度空缺等(Webb et al., 2011)。故而,跨国公司在BOP市场实施破坏性创新往往需要调整组织结构和战略(Khanna and Palepu, 2000),同时嵌入当地的非正式环境并与地方权力挂钩(De Soto, 2000)。Adegbile and Sarpong(2018)以非洲新兴市场为例,剖析了跨国公司进行破坏性创新面临的机遇和挑战,并认为跨国公司的破坏性创新在以下6种情况下不太可能发生:遇到难以解决的技术挑战、遇到难以解决的管理挑战、缺乏市场支持性基础设施、教育体系不健全且缺少研发、不适应消费文化、政治和地方官僚机构不适合跨国公司。周江华等(2012)通过对山寨手机行业的案例研究,运用扎根理论分析法总结了面向BOP市场的技术和商业模式创新的特征和构念维度,建立了技术和商业模式匹配视角下的破坏性创新理论框架,研究发现,破坏性技术通过商业模式这一联结机制实现对传统技术的破坏,技术和商业模式的协同创新是面向 BOP 市场的破坏性创新成功的关键。

节俭式创新研究尚处于早期阶段,学界对其概念尚未达成共识(Dost et al., 2019; Hossain, 2018)。Weyrauch and Herstatt(2017)将节俭式创新定义为将产品组件和制造过程简化为基本元素,重新设计产品和流程以提高效率和效益的创新。Basu et al. (2013)将节俭式创新定义为优先考虑发展中国家公民的需求和环境,并为其提供适用、可获取和负担得起的产品和服务的设计创新过程。Zeschky et al. (2011)将节俭式创新定义为旨在创造足够好且负担得起的产品以满足资源匮乏环境下(主要为发展中国家)消费者需求的创新类型。Bhatti(2012)认为,节俭式创新是通过重新定义商业模式、重新构造价值链和重新设计产品,以可持续的方式,用更低的成本服务使用者以开拓更广泛市场的创新。Prahalad and Mashelkar(2010)认为,节俭式创新强调用更少的资源/成本为更多的消费者提供更好的产品和服务。概括而言,作为资源约束条件下对低收入群体未被满足需求的响应(Kahle et al., 2013),节俭式创新的定义大多强调通过降低成本、功用和性能水平以创新产品和服务(Rao, 2019; Weyrauch and Herstatt, 2017),部分定义会涉及物质和财务资源的最小化、用户友好且易于使用、稳定、质量等特征(Khan, 2016)。

从定义审视节俭式创新,其与 BOP 市场存在必然联系,多应用于 3 种场合:大企业为 BOP 市场、新兴市场(Kahle et al., 2013; Ojha, 2014; Sharmelly and Ray, 2018)和发达市场(Radjou and Euchner, 2016)提供价格低廉的产品和服务;本地企业与非政府组织合作研发社会性产品和服务(Annala et al., 2018; Gebauer et al., 2017);BOP 创办的小微企业聚焦 BOP 市场的机会与需求(Jagtap, 2019; Rosca et al., 2018; Sharma and Kumar, 2019; Singh et al., 2012)。Soni and Krishnan(2014)梳理了节俭式创新的特性,包括心态(mindset)、过程、结果,心态特性涵盖资源拼凑(bricolage)、甘地式创新(Gandhian innovation)、包容性创新等术语,过程特性涵盖节俭式工程(frugal engineering)等术语,结果特性涵盖破坏性创新、金字塔底层创新、反向创新等术语。David-West et al. (2019)采用案例研究法,对非洲国家移动货币的使用情况进行了调查,研究发现,移动货币作为一种节俭式创新,集合了社会、技术和制度创新，解决了社会问题、资源限制和制度空缺三大难点。Borchardt et al.（2020）从动态能力视角探析了巴西小微企业的节俭式创新，构建了节俭式创新的输入—过程—输出（input-process-output，IPO）框架，在此框架下，输入元素包括了解 BOP 消费者需求、使用更少的资源、使用当地材料、增强本地合作伙伴的能力，过程元素包括环境问题、改造机器和物理设施、使用简单技术，输出元素包括价值、可持续发展、产品的可负担性和可获得性。

三、包容性创新理论

（一）包容性创新的内涵与影响因素

"包容性创新"一词始见于 21 世纪初（George et al.，2012；Mortazavi et al.，2021），源于经济学、管理学、社会学等多学科的交叉融合。《商业研究》杂志 2010 年出版专刊，探讨了企业如何通过创新性的战略进入 BOP 市场从事商业运营，自此包容性创新成为独立的研究领域。

包容性创新相关文献的数量及引用量近年来呈上升态势，Mortazavi et al.（2021）在 293 篇相关文献的基础上精炼出 33 篇核心文献进行计量分析，数据显示：发文量和引用量均排入前五的有三本期刊，分别为 *Journal of Management Studies*、*Journal of Product Innovation Management* 和 *Research-Technology Management*；重要的关键词包括创新、金字塔底层、企业家精神、不平等、机会、产品创新、节俭式创新、需求、跨国公司、过程、市场等；包容性创新这一核心概念在创新作为包容性的工具、创新作为可负担性的工具、创新作为包容性的系统、创新约束、创新实现社会赋权 5 个研究集群内不断迭代演化。

当前，各国学者对包容性创新的概念界定不尽相同。Dutz（2007）认为，包容性创新是为了减少贫困的创新，是与贫困人口需求最直接相关的创新。吴晓波和姜雁斌（2012）认为，包容性创新是指通过创新解决社会发展中弱势群体的权力贫困和面临的社会排斥。Foster and Heeks（2013a）认为，包容性创新是为生活在最低收入水平上的数十亿人口开发新产品和服务的手段。Foster and Heeks（2013c）认为，包容性创新是任何为被排斥在市场体系之外的穷人提供谋生机会的社会创新。Patnaik and Bhowmick(2020)认为,包容性创新是能够确保穷人公平参与创新过程的整体性增长。Mortazavi et al.(2021)认为,包容性创新是为企业和其他参与者提供多种创新机制,使其不仅能满足低收入群体的需求,还能增强低收入群体的能力和福利。

从本质看,包容性创新是通过创新实现包容性增长的过程(吴晓波和姜雁斌, 2012);从主体看,包容性创新是企业等传统创新主体和 BOP 的价值共创与分享(邢小强等, 2013);从类型看,包容性创新包含产品、服务、流程、制度、商业模式、供应链等多种形式的创新(Gebauer and Reynoso, 2013);从要素看,包容性创新包括参与创新的人、创新活动的类型、获取的结果范围、创新的治理机制 4 个维度(Schillo and Robinson, 2017);从层级看,包容性创新包含意图、消费、影响、过程、结构、后结构 6 个梯度(Heeks et al., 2014);从结果看,包容性创新是开发与实施新思想从而为 BOP 创造机会以提升其经济和社会福利(George et al., 2012)。

综合上述文献,本书将包容性创新定义为开发与实施新思想,为 BOP 创造机会平等地参与市场,从而提升其经济和社会福利。包容性创新不仅受市场动态的影响,同时也是社区、本地机构和私人组织之间相互作用的结果(Pansera, 2018),具有三大特征:为因经济、社会、地理、结构挑战而无法公平享有经济和社会权益的低收入社区提供创新解决方案;为边缘社区提供参与创新活动并获得正向结果的机会;创造负担得起和适用的优质产品/服务(中国科学技术发展战略研究院, 2015)。从草根视角审视包容性创新的利益相关者,主要包括:以学界、政府、非营利组织、个体创新者为代表的发起者;以社区、民间商会、供应商、经销商、资助机构为代表的参与者和调节者;以低收入群体、边缘化社区为代表的受益者(Dana et al., 2021)。从消费者—生产者视角审视包容性创新的类型,包含图 2.2 中的斜体部分,最终旨在创设一条经济、社会和环境可持续的公平增长之路(Prasad, 2018)。

生产者 \ 消费者	穷人	富人
穷人	*非正式部门的家具 小型路边园艺市场*	*从事小规模鲜花 出口业务的农民*
富人	*生产化妆品和治疗 基础疾病仿制药的 跨国公司*	瑞士精密手表 豪华汽车

图2.2　消费者—生产者视角下的创新类型

资料来源：Chataway et al.（2014）。

学者们普遍认为，制度、能力、资源是包容性创新的关键因素（Foster and Heeks, 2013b; George et al., 2012; 郭咏琳和周延风, 2021），此外，基础设施（Chliova and Ringov, 2017）、交易成本（Dey et al., 2019）、社会网络（George et al., 2012）、企业家精神（Prahalad, 2004; 范轶琳等, 2021）、组织因素（邢小强等, 2015a）等也会影响包容性创新。

在制度方面，包容性创新的主要制度约束包括正式行动者对低收入群体关注不足、非正式行动者无法对接价值链、低收入用户缺乏足够知识导致低适应能力、包容性创新数量不足、创新不匹配且缺乏规模、干预未用于预期目的等（Merwe and Grobbelaar, 2018）。在能力方面，高效的创新支持生态系统依赖于本土知识（Iansiti and Levien, 2004），通过有效的学习实践进行社区能力建设，不仅有助于提升创新被采纳的机会，还增进了创新者和社区之间的承诺与信任（Patnaik and Bhowmick, 2020）。在资源方面，通常包括资本、知识、组织能力、合作伙伴关系和产权，包容性创新的要点是如何通过资源配置充分利用资源禀赋以促进低成本创新，同时在资源有限的情境下通过资源拼凑（bricolage）创造新价值（George et al., 2012）。在基础设施方面，由于BOP业务利润低、成本高（Kayser and Budinich, 2015）且投资回收期长（Simanis, 2011），而市场仅在连续性的基础设施和公平竞争的规则惯例保障下才能有效运作，只有当基础设施建设由外部组织承担时，BOP业务的复制才会变得更为可行（Chliova and Ringov, 2017）。在交易成本方面，创新经纪人能够通过弥合价值链上不同参与者之间的差距以降低交易成本

（Klerkx et al. , 2009; Long et al. , 2013），如将创新者、投资者、企业家联合起来能够显著降低事前（搜索和寻找供应商、谈判和起草合同等）及事后（执行合同、解决冲突、现有合同失败后签订新合同等）的交易成本，从而提升创新减贫路径的可行性（Dey et al. , 2019）。在社会网络方面，BOP 市场情境下通过构建具有结构、网络、联结三大特征的跨部门合作伙伴关系，参与成员贡献各自特有的资源和能力，提出创新性的解决方案，创造经济、社会、生态等多种价值，最终完成可持续发展目标并缓解/消除贫困（邢小强等，2014）。在企业家精神方面，作为一种长期减贫机制（Prahalad, 2004），本地企业家精神使得 BOP 作为自给自足的生产者，能够设计和制造适合在 BOP 市场及成熟市场销售的产品，通过融入全球市场以寻求更大的经济稳定性（Karnani, 2007a）。在组织因素方面，尽管 BOP 市场代表着新的发展机会，但由于包容性创新项目风险高且投资回收期长，因此企业内部存在多种组织障碍（Olsen and Boxenbaum, 2009），包括转换思维、调整评价方法与惯例等（Waeyenberg and Hens, 2012）。对此，Hart and Milstein（2003）建议将企业核心业务和包容性业务分离，采用完全不同的文化、结构和流程。

（二）包容性创新的模式与路径

包容性创新研究尚处于理论建构的初级阶段，目前仅有少数学者探析其模式与路径。

Heeks et al.（2014）认为，模式是对现实的抽象和体现，其梳理了 2014 年 *Innovation and Development* 杂志特刊文章，概括了包容性创新的五大典型模式：创新平台模式，将所有利益相关者聚集起来以解决共同关心的特定问题（Swaans et al. , 2014）；草根创新模式，由低收入群体发起的自下而上的创新（Fressoli et al. , 2014）；集群创新模式，由小微企业集群内的集体学习所推动的创新（Voeten and Naudé, 2014）；节俭式创新模式，最大限度地减少新产品和服务在生产运营过程中的资源消耗、成本和复杂性（Knorringa et al. , 2016）；"用户—生产者"互动模式，聚焦于生产者和消费者之间的互动学习与创新（Foster and Heeks, 2014）。Heeks et al.（2014）认为，包容性创新模式包含了创建者的规范与价值，塑造了使用者的思维，即 Fressoli et al.（2014）

等人所谓的“架构力”(framing power)，这一概念试图回答：模式创建的主体是谁？模式中包含了哪些内容？模式有何种前提假设？谁将从模式中受益？除了这些“架构力”的内在问题外，还应思考谁负责解释、使用、推广某种特定的模式？背后的动机是什么？产生了何种影响？以创新平台模式为例，Swaans et al. (2014)从空间(space)、形态(form)和层次(level)三大维度分析了包容性创新的权力结构，构建了权力立方体(power cube)：空间维度指参与和行动的潜在场所，包含封闭、受邀、主张3种类型；形态维度指权力展现的方式，包含可见、隐藏、不可见3种类型；层次维度指决策和影响力的不同级别，包含本地、国家、全球3种类型。由此引发人们思考如下问题：谁创建了平台？平台的参与者有哪些？平台的参与质量如何？不同层次的政策和参与者如何影响平台的流程？

BOP研究的真正意义在于，通过互动使得来自发达国家和发展中国家的受教育者和边缘化参与者能够合力改善社会及环境问题(Hall et al., 2014)，这和与BOP社区进行价值共创的理念相一致，即不再仅将BOP视为新市场，而将其视为潜在的供应商(Nakata and Weidner, 2012)。Hall et al. (2014)提出了包容性创新的5种路径(见表2.3斜体部分)：从TOP到BOP路径，指跨国公司研发新产品满足BOP的消费需求；从TOP经由BOP到TOP路径，指将BOP视为领先用户以测试潜在的破坏性创新；从BOP到TOP路径，指发展中国家的BOP开发新产品在国际市场上出售；从BOP到BOP路径，指BOP开发新产品在BOP市场上出售；从BOP经由BOP到TOP路径，指BOP开发新产品从最初满足BOP需求转变为最终满足TOP需求。赵武等(2014)认为，包容性创新的路径选择包括：构建有利于包容性创新的政策制度框架、营造有利于包容性创新的环境、开展对低收入群体创新需求的调查研究、提高低收入群体的受教育水平与创新能力、完善信息基础设施、加大包容性创新融资支持等。陈灿煌(2017)认为，包容性创新与精准扶贫融合的实践路径包括：深化对包容性创新的认识，树立全新的扶贫理念；提高贫困群体的受教育水平与创新能力；鼓励全民创新，开发适应贫困群体需求的产品和服务；推进基本公共服务均等化，提升贫困群体的可行能力；

表2.3 金字塔底层创新路径

	到 TOP	到 BOP	经由 BOP 到 TOP
从 TOP	标准创新	社会创新	破坏性创新
从 BOP(拥有 TOP 专业知识)	后来者/全球价值链的能力发展	可持续本地企业网络	理想的 BOP 创新

资料来源:Hall et al.(2014)。

改变传统的扶贫资金无偿给付方式,积极创新金融扶贫模式等。湛泳等(2017)依据包容性创新的作用和跨越“中等收入陷阱”的影响因素,归纳了缩小收入差距、扩大内需、促进产业结构优化升级3条路径,利用中国30个省份的面板数据,结合中介效应模型,实证研究了包容性创新助推跨越“中等收入陷阱”路径的有效性,并进一步分析了包容性创新对不同地区经济增长的影响作用。

范轶琳等(2021)依据创新资源禀赋和创新驱动主体两大维度,将包容性创新模式划分为模式Ⅰ自发驱动、模式Ⅱ自发培育、模式Ⅲ政府培育、模式Ⅳ政府驱动4种类型(见图2.3):自发驱动型指初期拥有集群、专业市场、专业村等产业资源,由市场自发驱动的模式;自发培育型指初期无相关产业资源,由市场自发驱动的模式;政府培育型指初期无相关产业资源,由政府培育孵化的模式;政府驱动型指初期拥有集群、专业市场、专业村等产业资源,由政府驱动的模式。文章在此基础上,以中国淘宝村为研究对象,通过纵向案例研究识别出“模式Ⅱ→模式Ⅰ”和“模式Ⅳ→模式Ⅰ”两条演化路径的影响因素,探析了包容性创新模式间演化的内在机理:企业家精神和学习能力作为内部驱动因素,竞合压力和机会牵引作为外部驱动因素,合力推动了模式Ⅱ和模式Ⅳ两类淘宝村包容性创新模式的动态演化;“模式Ⅱ→模式Ⅰ”和“模式Ⅳ→模式Ⅰ”两条演化路径的不同阶段分别由不同的驱动因素发挥主导作用;地域文化传统和产业资源禀赋的差异,导致“模式Ⅱ→模式Ⅰ”和“模式Ⅳ→模式Ⅰ”两条演化路径不同阶段的主导因素各不相同。

创新驱动主体	创新资源禀赋：无产业资源	创新资源禀赋：有产业资源
市场	模式Ⅱ 自发培育型	模式Ⅰ 自发驱动型
政府	模式Ⅲ 政府培育型	模式Ⅳ 政府驱动型

图 2.3　包容性创新模式类型

（三）包容性创新的绩效

作为新兴领域，当前包容性创新研究仍以定性思辨和案例研究为主，有关包容性创新绩效评价的定量实证研究数量较少，且以国内学者为主。

高太山等（2014）较早对包容性创新系统进行定量评价，其从创新主体、中低收入群体需求、创新支撑条件、创新环境、创新产出五大维度构建了包含 32 个指标的区域包容性创新绩效评价体系，利用加权综合评价法对中国 31 个省份的包容性创新绩效进行了测度。结果显示，东、中、西部地区的包容性创新绩效呈依次下降的趋势。此外，文章利用 2008—2011 年的省际面板数据对包容性创新与经济发展水平的关系进行了实证分析，发现包容性创新能力与地区经济水平、产业结构、开放程度存在密切联系，并非经济越开放越发达的地区包容性创新能力越强，相反，经济发展应更关注农村地区，努力缩小城乡差距，同时保持合理的产业结构，构建均衡的区域创新体系以避免资源配置的极化。

谷盟和魏泽龙（2015）通过问卷调查法实证分析了创新包容性提升市场绩效的内在机制，以及市场环境特征（市场异质性和政府支持）在其中的调节作用。结果显示，创新包容性通过探索性创新与应用性创新促进了市场绩效的提升，市场异质性加强了探索性创新的作用但削弱了应用性创新的作用，政府支持则加强了应用性创新的作用。

湛泳和王恬（2015）从包容性创新的投入、环境、产出三大维度（包括 27 个指标）对中国 31 个省份的包容性创新绩效进行了测度排名。结果显示，包容性创新的地区绩效水平呈东、中、西部地区递减趋势，包容性创新的辐射效应使得地方水平呈片状划分，包容性创新能力的提升速度存在“马太效应”。文章同时实证分析了包容性创新对经济增长的影响机制，结果表明，通过扩大内需、均衡发展、产业结构优化升级，包容性创新能够助推跨越“中等收入陷阱”。

曾繁华和侯晓东（2016）利用武汉市 1990—2014 年统计数据，运用主成分分析法构建了包容性创新指标体系（包括创新知识、创新环境、创新主体、创新绩效 4 个一级指标和 17 个二级指标），并对各创新指标与经济发展之间的关系进行了实证分析。结果表明，武汉市创新科技成果及人才评价指标已不再适应创新驱动经济发展的战略要求，不能体现创新包容性，文章由此提出了包容性创新驱动武汉市经济发展的四条优化路径。

李玲和陶厚永（2016）从包容性创新基础设施、创新主体、创新支撑条件、创新投资、市场及金融环境、制度环境、企业创新能力 7 个维度，构建了区域包容性创新环境评价指标体系，运用因子分析法对 2008—2011 年中国 31 个省份的包容性创新环境进行了定量评价。结果表明，中国包容性创新环境具有较大的区域差异性，东部省份的包容性创新环境显著优于中、西部省份，统计期内各区域包容性创新环境未发生明显变化。

盛小芳和欧阳蛲（2018）运用投入—产出模型衡量了包容性创新绩效，投入部分从草根群体的技能培训、公共服务供给、公平进入市场的渠道三方面设计指标，产出部分从科技、社会、经济三方面设计指标。结果表明，中国 31 个省份包容性创新绩效受历史基础和投入力度等因素影响，与电子商务发展趋势具有同步性。文章最后建议不同地区采取差异化的包容性创新策略以提升区域创新能力和创新水平。

刘旭红和揭筱纹（2018）采用因子分析和 Malmquist 指数法，对 2005—2014 年中国 30 个省份的包容性创新效率进行了动态评价。首先通过因子分析提炼出包容性创新主体投入、支撑条件投入、环境投入、科技产出、社会产出五大综合评价指标，然后运用 Malmquist 指数模型进行评价。结果表明，中国包容性创新效率整体呈小幅增长态势，技术进步发挥了主要作用，各地区包容性创新效率存在显著差异，呈现“东高西低”的梯级分布，规模效率差异是造成各地区技术效率差异的主要原因。

秦佳良等(2018)利用世界银行企业调查数据库中的2700家中国企业数据，实证分析了互联网知识溢出对包容性创新(包含劳动生产率、设备投资、质量认证、专利4个指标)的影响。结果表明，互联网知识溢出促进了包容性创新，对单厂企业、小规模企业、非出口企业、非经济聚集区企业而言，互联网带来的益处更大。通过分位数回归发现，不同劳动生产率下企业对互联网知识溢出的吸收能力呈现差异，创新绩效亦有所不同。

范轶琳和姚明明(2019)借鉴区域创新系统相关研究，构建了以农村网商需求为核心，包含创新主体、创新环境、创新支撑条件和创新产出在内的农村网商包容性创新绩效测评模型，实证检验了农村网商包容性创新绩效和区域经济发展之间的关系。结果表明，农村网商包容性创新绩效大致呈现东、中、西部依次下降的趋势，区域生产总值和中小企业数量均与农村网商包容性创新绩效存在显著的正向关系，区域第一产业占比与农村网商包容性创新绩效存在显著的负向关系，但区域第二和第三产业占比与农村网商包容性创新绩效的负向关系均不显著。

四、小　结

综上所述，当前包容性创新研究仍处于理论建构的初级阶段：首先，当前学界对包容性创新概念的认识尚未统一，少有学者对概念进行严格的内涵界定与维度划分；其次，现有研究对包容性创新模式与路径的研究仍处于初探阶段，偏重创新模式、创新路径、影响因素等单个议题的讨论，未能在统合性的理论框架下审视包容性创新的模式、机理及其动态演化过程；最后，作为新兴领域，当前包容性创新研究仍以定性思辨和案例分析为主，对创新绩效的定量实证研究数量较少，且多聚焦于绩效评价议题，缺乏对前因和影响因素的理论模型探讨。

第二节　淘宝村研究综述

一、淘宝村的概念与模式

淘宝村是指以农村地区的行政村为经营场所，电子商务年销售规模达1000万元以上，同时本村活跃网店数达到100家以上或达到当地家庭户数10%以上的电子商务专业村①（阿里研究院等，2019）。淘宝村最早出现于2009年②，2013年阿里研究院首次发布淘宝村研究报告。截至2021年9月，全国共计发现7023个淘宝村，遍布于28个省份，总量已超全国行政村总数的1%（阿里研究院和南京大学空间规划研究中心，2021）。

作为新时期中国农村电子商务发展的典型产物，淘宝村的相关文献最早可追溯至2013年，近年来文献数量呈明显上升态势，并已成为"三农"领域的热点话题之一。当前淘宝村研究以国内学者为主，研究方法上多采用定性思辨、案例研究和调查统计，研究主题多集中于空间分布特征、成因及演化机理、发展模式与转型升级、经济社会效应等，总体仍处于发端与初探阶段（曾亿武等，2020）。学界迄今未对淘宝村的发展模式形成统一的观点。汪向东和梁春晓（2014）较早在此领域开展研究，其在分析14个淘宝村典型案例的基础上，重点总结了沙集模式的意义、特点和演化趋势。随后，董坤祥等（2016）分析了遂昌和沙集两种典型农村电商集群的发展模式和阻碍因素，从系统动力学视角构建了以生产与产品创新、金融模式创新、商业模式创新为导向的农村电商集群发展模型。

依据不同的标准，淘宝村发展模式可划分为不同的类型：

---

①2020年阿里研究院为淘宝村制定了新的交易额统计规则，即将农产品交易额视同两倍进行计算，同时参照国家统计局城乡划分标准，将淘宝村范围限定于农村地区的行政村，不再将新的居委会纳入淘宝村的范围。

②最早的3个淘宝村：江苏省睢宁县东风村、浙江省义乌市青岩刘村、河北省清河县东高庄村。

郭承龙（2015）在共生理念的指导下，提出农村电商共生系统结构，将淘宝村发展模式划分为寄生、非对称、偏利、对称和一体化等类型。寄生模式指寄生企业依赖于寄主组织，二者之间以契约合同为基础。非对称模式指共生单元主体基于业务关系的专业化合作，专业化分工所创造的新价值在合作框架内呈非对称分配。偏利模式指对一方有利对另一方无害，如线上线下业务的协调发展。对称模式指共生单元基于分工合作实现共同利益最大化，从而降低搜索、采购、谈判、仓储等环节的经营成本，如网商投资快递公司。一体化模式指产业链上的前向和后向拓展以形成综合竞争优势，如产销物流一体化。

祝君红等（2017）从包容性创新视角，将淘宝村发展模式划分为自上而下和自下而上两种类型。自上而下的包容性创新指政府和企业针对 BOP 群体需求，开发出可接受且负担得起的创新性产品和服务，如淘宝网面向广大中小企业和个人卖家提供产品零售的 C2C 电商平台。自下而上的包容性创新指 BOP 群体自觉组织起来开展创新活动，在创新过程中发挥积极作用并获取收益，最终提升能力和收入，如沙集模式中孙寒、陈雷、夏凯创业“三剑客”。

阿里新乡村研究中心和南京大学空间规划研究中心（2018）在总结淘宝村空间分布与发展机制的基础上，将淘宝村发展模式划分为自发成长、政府推动、“政府 + 服务商”3 种类型。自发成长模式指由草根力量自下而上推动形成的淘宝村，典型代表为江苏省睢宁县东风村和山东省曹县丁楼村。政府推动模式指各级政府通过多种手段直接培育淘宝村，典型代表为广东省揭东区军埔村。“政府 + 服务商”模式指以县级政府为主体向市场购买公共服务，政府通过有效配置公共资源，电子商务服务商通过陪伴式服务，共同推动淘宝村的形成和发展，常见于中西部经济相对欠发达地区，典型代表为河南省孟津区平乐村。

罗震东（2020）从“产业经济 + 空间区位”二维视角，将淘宝村发展模式划分为城市近郊、城镇边缘、独立发展三种类型。城市近郊型可细分为城市近郊工贸型和城市近郊纯贸易型两类，前者以杭州、宁波、厦门、广州、青岛等城市近郊的淘宝村为典型代表，后者与实体专业市场关系密切，以义乌、普宁、海宁等地的淘宝村为典型代表。城镇边缘型是淘宝村构成中占比最大的一类，以毗邻的城镇为支撑是此类淘宝村的重要特征，可细分为城镇边缘农贸型、城镇边缘工贸型、城镇边缘纯贸易型三类。独立发展型指空间分布上远离城镇相对独立，发展过程中受周边城镇影响较弱，通过自发“触网”形成的淘宝村，可细分为独立发展农贸型和独立发展工贸型两类，前者以河南省镇平县向寨村为典型代表，后者以云南省鹤庆县新华村为典型代表。

刘亚军（2020）从商业模式视角出发，按照价值主张、经营模式、盈利模式三大标准将淘宝村划分为不同的模式。按价值主张所涉及的主营产品分类，淘宝村商业模式分为农副产品、手工艺品、轻工业品三类。按经营模式分类，淘宝村商业模式分为销售代理型、加工销售型、产供销一条龙型三类。按盈利模式分类，淘宝村商业模式分为赚取进销价差型和资产销售型两类，前者专注于贸易流通环节，通过低价买进高价卖出赚取差价获利，后者拥有自有品牌，通过售卖自己生产的产品获利。

范铁琳等（2021）在四类包容性创新模式基础上，明晰了现存三种淘宝村包容性创新模式：模式Ⅰ自发驱动型指初期拥有集群、专业市场、专业村等产业资源，由市场自发驱动经由复制裂变形成的淘宝村，如河北省清河县东高庄村和浙江省临安区白牛村等；模式Ⅱ自发培育型指初期无相关产业资源，由网商带头人培育产品后自发经由复制裂变形成的淘宝村，如江苏省睢宁县东风村和浙江省缙云县北山村等；模式Ⅳ政府驱动型指初期拥有集群、专业市场、专业村等产业资源，由地方政府驱动经由电子商务服务商孵化形成的淘宝村，如河南省孟津区平乐村和河南省镇平县向寨村等。

二、淘宝村的形成与演化机理

现有文献认为，产业基础（资源禀赋）（曾亿武和郭红东，2016a；千庆兰等，2017）、市场需求（曾亿武和郭红东，2016a；范铁琳等，2021；刘亚军和储新民，2017）、企业家精神（创业能人/榜样）（李红玲和张晓晓，2018；刘亚军和储新民，2017；于海云等，2018）、竞合互动（Hu and Liu，2017；范铁琳等, 2021；刘亚军和储新民, 2017）、基础设施（曾亿武等, 2020；于海云等, 2018；张英男等, 2019）、社会网络（曾亿武等, 2020；刘杰和郑风田, 2011；千庆兰等, 2017；舒林, 2018）、政府政策（范轶琳等, 2021；徐智邦等, 2017；张英男等, 2019）、电商协会（曾亿武和郭红东, 2016b；崔丽丽等, 2014；周应恒和刘常瑜, 2018）等是淘宝村形成与演化的关键因素。

产业基础（资源禀赋）是区域产业发展初期的主导力量（Zhou et al., 2017），是区域产业形成和发展的原始动力（简子菡等, 2020），良好的产业基础降低了网商创业的物质、风险和学习成本，为本地村民电商创业提供了货源支持（曾亿武和郭红东, 2016a）。市场需求所孕育的机会为淘宝村带来了巨大的发展空间（范轶琳等, 2021），相比线下购物，线上购物满足了消费者多样化的需求（简子菡等, 2020），降低了买卖双方的搜索和交易成本（曾亿武等, 2020），倒逼了区域产业结构的优化与产业效益的提升。企业家精神是淘宝村产业演化的内生动力因素（刘亚军和储新民, 2017），其内含的创新性和冒险精神通过乡土社会的人际关系网络影响着创业者的产生（刘杰和郑风田, 2011），是淘宝村产业活动集聚初期的重要推动力量（简子菡等, 2020），驱动了淘宝村主体商业模式的复制与扩散。竞合是淘宝村产业演化的选择机制（刘亚军和储新民, 2017），竞争激发了创新，促进了稀缺资源的最优分配（Lado et al., 1997），合作则是在面对资源稀缺性和企业成长的内在要求这一矛盾时的理想选择（Mahoney and Pandian, 1992），竞合作为对立统一体有助于网商获取协同效应，增强对外部冲击的抵御能力（范轶琳等, 2021）。道路、交通、物流、水电、网络等基础设施是淘宝村形成的基本条件（曾亿武等, 2020），是电商企业成功的关键因素（Jennex et al., 2004），有助于降低村民的电商创业成本，提升创业成功率（于海云等, 2018）。社会网络通过社区内成功者的示范效应（刘杰和郑风田, 2011），成为淘宝村形成与扩散背后的强大推力（曾亿武等, 2020），由血缘、地缘、亲缘关系连接起来的农村熟人社会降低了交易成本和信息获取成本，增进了联系与信任，促进了知识和信息的传播与流动（千庆兰等, 2017）。政府的引导与扶持促进了淘宝村的发展（范轶琳等, 2021），地方政府通过基础设施建设（张英男等, 2019)、创业技能培训(于海云等, 2018)、用地规划与行业监管(徐智邦等, 2017)等举措,推动了农村的包容性创业(梁强等, 2016b)。电商协会作为网商抱团合作与实施集体行动的主要形式,对淘宝村的健康发展起到了积极的促进作用,通过强化外部经济、规避恶性竞争、增强市场地位、吸取外部资源等机制谋求主动性集体效率(曾亿武和郭红东, 2016b),显著地促进了淘宝村网商销售业绩的增长(崔丽丽等, 2014)。

学者们一直试图探析淘宝村的演化过程,关于演化阶段的划分大致有二阶段(曾亿武等, 2015; 池仁勇和乐乐, 2017; 刘杰和郑风田, 2011; 张宸和周耿, 2019)、三阶段(Leong et al., 2016; 范轶琳等, 2021; 梁强等, 2016a; 刘亚军和储新民, 2017; 千庆兰等, 2017; 张庆民等, 2019)、四阶段(Guo et al., 2014; Zeng et al., 2019; 简子菡等, 2020; 王倩, 2015; 于海云等, 2018; 周嘉礼, 2017)三种观点:

曾亿武等(2015)和池仁勇和乐乐(2017)对淘宝村的演化阶段沿用了Bruso的"二阶段—五环节"模型,即历经Bruso第一和第二阶段,引进项目、初级扩散、加速扩散、抱团合作+纵向集聚、淘宝村形成5个环节。刘杰和郑风田(2011)和张宸和周耿(2019)对淘宝村的阶段划分较为简单,即历经萌芽(形成)和发展两个阶段,萌芽(形成)期能人发现创业机会,发展期伴随创业机会的扩散淘宝村集聚扩大。

Leong et al. (2016)通过对浙江省遂昌和缙云二地的案例研究,探析了农村发展生态系统的数字赋权问题,梳理了ICT背景下生态系统萌芽、扩张、自我更新3个阶段的关键行动者及社区行为。梁强等(2016a)基于社会网络理论,剖析了广东省揭东区军埔村萌芽、成长、成熟(瓶颈)3个阶段关系嵌入性与创业集群发展的关系。千庆兰等(2017)以广州市新塘镇(淘宝镇)为例,剖析了其萌芽、产业化、转型升级3个阶段的发展特征,并梳理了新塘镇的空间特征与电子商务产业链模式。刘亚军和储新民(2017)认为淘宝村的产业演化历经萌芽、裂变式扩张、集群式发展3个阶段,遗传(复制)、变异、选择构成了淘宝村产业演化的三大机制。张庆民等(2019)将淘宝村农户网商群体的演化过程划分为自组织形成、规模化发展、质量品牌提升3

个阶段，并在此基础上构建了淘宝村网商群体成长演化路径的系统动力学模型。范轶琳等(2021)通过对江苏省睢宁县东风村和河南省洛龙区掘山村的纵向案例研究，将“模式Ⅱ→模式Ⅰ”和“模式Ⅳ→模式Ⅰ”两条包容性创新模式演化路径划分为萌芽初创、复制扩张、产业升级3个阶段，并梳理了两条演化路径不同阶段的主导驱动因素。

Guo et al. (2014)通过对军埔村形成四阶段——早期萌芽、快速发展、强化、外部性和溢出的分析，证实了淘宝村存在正的集群效应，即集群式电子商务的发展能够带来显著的竞争优势和经济效应。王倩(2015)通过对东风村等8个典型淘宝村的多案例研究，厘清了淘宝村的演变路径和动力机制，即萌芽阶段由创新和区位因素驱动，扩散阶段由社会网络、创业知识溢出、预期成本收益驱动，分工阶段由外部规模经济和分工协作驱动，规范化阶段由同质化竞争压力驱动。周嘉礼(2017)研究了广州市里仁洞淘宝村的空间演变过程，重点分析了初始萌芽、加速扩张、急剧收缩、动态平衡4个阶段的演化特征与动力机制。于海云等(2018)以江苏省沭阳县淘宝村为例，探析了乡村电商创业集聚萌芽、形成与发展、成熟、转型升级4个阶段的动因与机理。Zeng et al. (2019)对江苏省沭阳县淘宝村产业集群进行了分析，认为农业电商集群的形成要经过技术引进、技术扩散、质量危机、产业集聚4个阶段，产业基础、电商平台、网络设施、物流服务、企业家才能、地方政府、市场需求是推动集群形成的重要因素。简子菡等(2020)通过对河南省西峡县双龙村的案例研究，剖析了“政府＋服务商”模式下淘宝村萌芽、初期成长、加速扩散、成熟4个阶段的驱动机制。

三、淘宝村的创新创业

淘宝村的创业研究距今仅十余年时间，刘杰和郑风田(2011)较早研究淘宝村的创业集聚现象，其以东风村为案例研究对象，从个人职业选择的角度解释了地区间经济活动的差异，研究结果认为，区域内个人间的社会网络能够通过有效地识别创业机会、动员资源进行创业、替代规模化的创业组织形式三种机制作用于创业行为，从而形成地区创业集聚。梁强等(2016a)基于社会网络理论对广东省揭东区军埔村创业集群进行了案例分析，研究发现：萌芽阶段，创业者亲朋关系嵌入有助于激发创业动机并提供创业资源；成长阶段，互联网有利于地理性外延关系的嵌入，此阶段政府应发挥扶持作用；成熟阶段，本地文化环境影响创业行为，宗族观念越强的集群创业者对地理性外延网络的抵触行为越明显，从而阻碍创业集群的持续发展。梁强等（2016b）基于包容性创业理论，以军埔村为例构建了政府支持情境下的包容性创业模型，分析归纳了农村电商包容性创业集群的形成过程和基本路径，研究表明，政府对包容性创业的支持主要体现在创造创业条件、提高创业能力、激发创业动机、扶持创业活动 4 个方面。邓华和李光金（2017）以淘宝村为例，探讨了互联网时代包容性创业企业的商业模式及其构成要素，揭示了金字塔底层市场价值创造、传递与分享的互动机制，为提升包容性创业企业的成功率提供了理论参考和决策建议。

梁强等（2017）基于组织生态学理论，对军埔村创业生态系统中的新创企业成长过程进行质性分析，提出了新创企业生成的印记因素及生态位对企业成长的影响过程模型，揭示了在初始条件约束和自然选择压力下新创企业的成长机理，明晰了创业生态系统中带有不同阶段初始印记的新创企业在相互竞争生态位过程中的不同成长路径，以及企业整体（种群）层面的演化机理。刘亚军（2018）提出了内生包容性增长的理念，其选取江苏省睢宁县东风村和福建省安溪县灶美村两个淘宝村典型案例，从互联网使能及 BOP 创业视角，剖析了内生包容性增长的机理和路径，研究表明，互联网通过降低交易、创业和学习成本，以及提供结构、资源和心理赋权，促进 BOP 主体的创业集聚和产业集聚的自发式发展，从而实现公平与效率相结合的内生包容性增长。Liu（2020）通过对福建省安溪县淘宝村的人种学研究，探析了返乡移民互联网创业对农村家庭婚姻中权力关系的影响机制，比较了主张性别等级规范和主张夫妻平等参与网店经营两者之间的差异。Mei et al.（2020）通过问卷调查数据和结构方程模型，分析了农村电商集群对淘宝村农户创业行为的作用机制，结果显示，农村电商集群激发了创业热情、增加了创业行为，当地资源禀赋、创业氛围和文化、创业门槛、示范性领导对创业行为有显著的正向影响，政府支持等外部环境对电子商务发展有显著的正向影响。

淘宝村的创新研究主要聚焦于社会创新和包容性创新两大领域。崔丽丽等(2014)较早从社会创新视角研究淘宝村的电子商务集聚形态，通过对浙江省丽水市淘宝村商户的问卷调查研究发现，社交示范、邻里示范、网商协会组织等社会创新因素及其相互作用，显著地促进了淘宝村商户网络销售业绩的增长。Yue et al. (2015)通过对山东省曹县大集镇淘宝村的案例研究，探析了社区通过自组织实现数字化赋能社会创新的过程模型，包含权力转换和权力改革两个阶段，以及认知、准备、重组、治理四个步骤。Cui et al. (2017)运用资源编排理论对浙江省义乌市青岩刘村、浙江省遂昌县、浙江省缙云县北山村三地进行案例研究，构建了战略、资源编排、社会创新的关系模型，归纳出孵化型、独立型、克隆(复制)型三类社会创新。

浙江大学管理学院包容性创新课题组(2014)较早开展淘宝村包容性创新研究，其在总结江苏省睢宁县、河北省清河县、山东省博兴县等地淘宝村发展历程的基础上，解析了涉农电子商务对包容性创新与增长的作用机制。顾淑林(2015)在此基础上，通过对 14 个典型淘宝村(镇)的案例研究，剖析了 ICT 背景下的淘宝村包容性创新现象，总结了中国农村社区嵌入型创业的优势与局限。董坤祥等(2016)在分析浙江省遂昌县和江苏睢宁县沙集镇二地农村电商集群发展模式的基础上，运用系统动力学方法构建了以产品与生产创新、商业模式创新、金融模式创新为导向的农村电商集群发展模型。祝君红等(2017)在总结淘宝村发展现状、发展路径和形成因素的基础上，从包容性创新视角分析了淘宝村发展的动力机制，为农村电子商务发展提供了理论依据和实践指导。范轶琳等(2018)探讨了中国淘宝村包容性创新的模式与机理，研究表明，淘宝村包容性创新模式现存三种类型，在不同类型下，淘宝村内生状态和包容性创新驱动因素的构成要素存在差异，内生状态与包容性创新驱动因素的交互作用有助于淘宝村创新集聚的形成，而淘宝村创新集聚的形成有助于实现包容性创新。李红玲等(2020)从淘宝村包容性创新视角出发，从政策的时间、主题、主体、工具 4 个维度对 2005—

2016年国家农村电商产业政策进行了内容分析，研究发现，在淘宝村发展的不同阶段，政府行为历经“构建环境—有限作为—积极引导”的转变，从电商意识、硬件设施、交易规则等8个方面促进要素集聚。范轶琳等(2021)在构建包容性创新模式演化路径模型的基础上，通过对江苏省睢宁县东风村和河南省洛龙区掘山村的纵向对比案例研究，探析了包容性创新模式的演化机理，结果表明，企业家精神和学习能力作为内部驱动因素，竞合压力和机会牵引作为外部驱动因素，合力推动了模式Ⅱ和模式Ⅳ两类包容性创新模式的动态演化。

四、小 结

综上所述，当前淘宝村总体仍处于发端与初探阶段，多聚焦于空间分布特征、成因及演化机理、发展模式与转型升级、经济社会效应等研究主题。研究视角以经济学和地理学为主，研究方法多采用质性分析，研究对象多聚焦于少数典型个案，少有研究从包容性创新的理论视角出发，在数理统计分析的基础上解析多数非典型样本背后的模式、机理及演化路径，这为本书提供了契机。

第三节 本章小结

本书将淘宝村包容性创新定义为通过电子商务开发与实施新思想，为淘宝村网商个体创造机会平等地参与市场竞争，并提升其经济和社会福利。淘宝村的包容性创新过程激发了BOP群体的能动性和创造性，在坚持农民主体地位的基本原则下解放和发展了农村生产力，体现了发展为了人民、发展依靠人民、发展成果由人民共享的中国特色社会主义核心思想，推进了新时代现代化建设新征程中的共同富裕，同时为全球发展中国家的包容性创新实践提供了重要的借鉴意义与政策启示：

第一，进入21世纪以来，如何通过创新实现包容性增长，已成为全球发展中国家的政策要点。当前包容性创新研究仍处于理论建构的初级阶段，偏重创新模式、创新路径、影响因素等单个议题的讨论，未能融合上述议题，在统合性的理论框架下审视包容性创新的模式、机理及其动态演化过程，缺乏对包容性创新前因和影响因素的理论模型探讨。鉴于此，本书拟在前人基础上，通过有效的理论模型和规范的实证研究探析包容性创新“黑箱”内部的机理。

第二，淘宝村为农民这一具有典型 BOP 属性的群体提供了一条包容性的乡村振兴之路。实践表明，淘宝村的包容性创新促进了社会公平正义，推动了乡村振兴和共同富裕战略的贯彻实施。然而，当前淘宝村研究总体仍处于发端与初探阶段，多从经济学和地理学视角出发，以质性研究为主，且多聚焦于少数典型个案。鉴于此，本书拟从包容性创新的理论视角出发，在大样本数理统计分析的基础上解析多数非典型样本背后的模式、机理及演化路径。

综上，当前包容性创新领域仍处于理论建构的初级阶段，淘宝村研究亦刚起步，少有文献交叉融合这两大新兴领域。本书拟在前人基础上，通过结构化的理论框架和定性定量相结合的实证研究打开淘宝村包容性创新“黑箱”，为中国农村电子商务情境下的包容性创新实践提供理论指导。

第三章

中国淘宝村包容性创新模式研究

本章将深入探析中国淘宝村包容性创新的模式问题，从而为后续章节奠定基础。首先，介绍中国淘宝村发展概况，从而对淘宝村的空间分布特征、经济社会价值、发展趋势动向有清晰的了解；其次，从包容性创新视角对淘宝村发展模式进行划分，以明晰本书的理论框架；最后，在介绍淘宝村包容性创新模式典型案例的基础上，梳理总结模式背后的特征。

第一节 中国淘宝村发展概况

中国淘宝村的发展迄今已十余年，从 2009 年首次发现江苏省睢宁县东风村、浙江省义乌市青岩刘村、河北省清河县东高庄村 3 个淘宝村，到 2021 年全国 28 个省份 7023 个淘宝村（见表 3.1），总量超全国行政村总数的 1%，无论是总量、增量、增速都发生了质的变化（见图 3.1）（阿里研究院和南京大学空间规划研究中心，2021）。从所属城市看，拥有淘宝村数量最多的前 20 个城市辖区占淘宝村总数的 69.2%（见表 3.2）。2014 年以来，随着国家电子商务进农村综合示范项目的实施，淘宝村数量持续增加。在此背景下，阿里研究院于 2014 和 2015 年先后引入淘宝镇和淘宝村集群的概念：淘宝镇指一个镇、乡或街道出现的淘宝村大于或等于 3 个①，淘宝村集群指在同一个县（市、区）淘宝村数量达到或超过 10 个。截至 2021 年 9 月，淘宝镇覆盖 27 个省份（见表 3.3），数量达 2171 个（见图 3.2），总量约占全国乡镇（不含街道）数量的 7.2%，淘宝村集群数量达 151 个，其中大型淘宝村集群② 65 个，超大型淘宝村集群③ 12 个。

①2019 年阿里研究院扩展了淘宝镇定义，即一个乡镇一年电商销售额超过 3000 万元、活跃网店超过 300 个，而不局限于是否有淘宝村。2020 年阿里研究院参照国家统计局城乡划分标准，将淘宝镇范围限定于农村地区的乡镇，不再将街道纳入淘宝镇的范畴。

②在同一个县（市、区），淘宝村数量达到或超过 30 个，称之为大型淘宝村集群。

③在同一个县（市、区），淘宝村数量达到或超过 100 个，称之为超大型淘宝村集群。

表 3.1 2014—2021 年各省份淘宝村数量

单位:个

省份	2014 年	2015 年	2016 年	2017 年	2018 年	2019 年	2020 年	2021 年
浙江省	62	280	506	779	1172	1573	1757	2203
广东省	54	157	262	411	614	798	1025	1322
山东省	13	63	108	243	367	450	598	801
江苏省	25	126	201	262	452	615	664	745
河北省	25	59	91	146	229	359	500	638
福建省	28	71	107	187	233	318	441	571
河南省	1	4	13	34	50	75	135	188
北京市		1	1	3	11	11	38	127
湖北省	1	1	1	4	10	22	40	54
江西省		3	4	8	12	19	34	57
天津市	1	3	5	9	11	14	39	52
上海市							21	78
安徽省			1	6	8	13	27	39
陕西省				1	1	2	16	26
四川省	2	2	3	4	5	6	21	22
湖南省		3	1	3	4	6	12	17
广西壮族自治区				1	1	3	10	17
辽宁省		1	4	7	9	11	9	17
重庆市				1	3	3	9	13
山西省		1	1	2	2	2	7	10
云南省		2	1	1	1	1	6	8
贵州省				1	1	2	4	4
吉林省		1	1	3	4	4	4	4
黑龙江省						1	2	3
新疆维吾尔自治区				1	1	1	3	3
甘肃省							1	2
宁夏回族自治区				1	1	1	1	1
海南省							1	1
合计	212	778	1311	2118	3202	4310	5425	7023

资料来源:阿里研究院和南京大学空间规划研究中心(2021)。

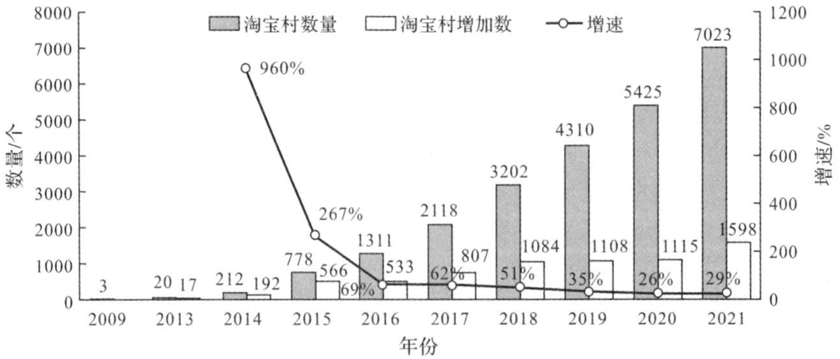

图 3.1 2009—2021 年淘宝村数量、增加量和增速

资料来源:阿里研究院和南京大学空间规划研究中心(2021)。

表3.2　2021年淘宝村数量排名前20位的城市

排名	省份	城市	淘宝村数量/个	2020年排名	排名变化
1	山东省	菏泽市	516	1	—
2	浙江省	金华市	478	2	—
3	浙江省	温州市	427	3	—
4	浙江省	台州市	373	4	—
5	福建省	泉州市	304	5	—
6	浙江省	杭州市	281	6	—
7	广东省	广州市	273	9	+2
8	浙江省	宁波市	240	7	-1
9	浙江省	嘉兴市	226	8	+1
10	广东省	东莞市	222	10	—
11	河北省	邢台市	186	12	+1
12	江苏省	苏州市	174	11	-1
13	广东省	潮州市	160	15	+2
14	江苏省	徐州市	159	13	-1
15	广东省	佛山市	158	18	+3
16	广东省	揭阳市	151	16	—
17	广东省	汕头市	140	14	-3
18	江苏省	宿迁市	134	17	-1
19	河北省	石家庄市	130	19	—
20	北京市	北京市	127	33	+13

资料来源:阿里研究院和南京大学空间规划研究中心(2021)。

表3.3　2019—2021年各省份淘宝镇数量

单位:个

省份	2019年	2020年	2021年	省份	2019年	2020年	2021年
浙江省	240	304	318	天津市	2	13	27
江苏省	155	248	280	广西壮族自治区	9	15	20
广东省	155	225	254	云南省	9	14	16
河北省	149	220	249	山西省	3	11	11
福建省	106	153	190	黑龙江省	5	8	10
山东省	87	134	182	重庆市	0	3	10
河南省	44	94	121	辽宁省	6	8	9
上海市	0	28	91	吉林省	2	5	9
安徽省	48	68	84	内蒙古自治区	0	8	8
江西省	46	54	76	陕西省	1	2	3
北京市	1	37	69	海南省	0	1	3
四川省	14	38	51	贵州省	1	2	2
湖北省	15	29	39	西藏自治区	0	1	1
湖南省	20	33	38				

资料来源:阿里研究院和南京大学空间规划研究中心(2021)。

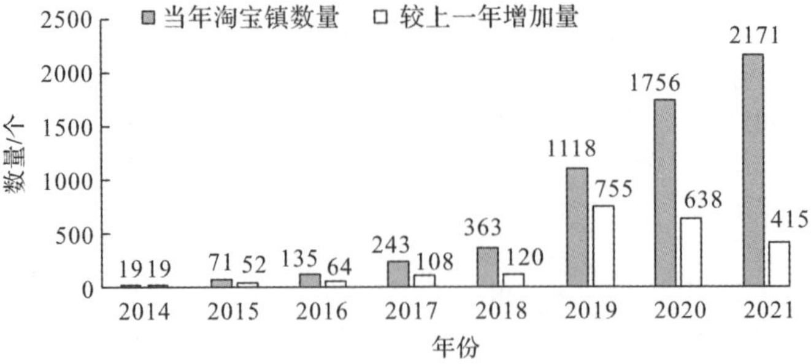

图 3.2　2014—2021 年淘宝镇数量变化

资料来源：阿里研究院和南京大学空间规划研究中心(2021)。

从区域分布看，淘宝村数量由东部沿海向西部内陆依次递减的空间梯度格局依然稳固。东部沿海地区在淘宝村数量上保持较大优势，中部地区淘宝村增速普遍超东部沿海地区，西部以及东北地区部分省份淘宝村数量实现了跨越式增长（见图 3.3）。2021 年淘宝村分布四级梯队的格局进一步得到强化：东部沿海省份（以浙江省、广东省为龙头）为第一梯队；紧邻东部地区的中部地区四省（河南省、安徽省、湖北省、江西省）为第二梯队；中西部及东北地区的六省份（陕西省、四川省、重庆市、湖南省、广西壮族自治区、辽宁省）为第三梯队；中西部地区其他省份为第四梯队。从增速上来看，淘宝村则呈现出逆向的由西向东递减格局。

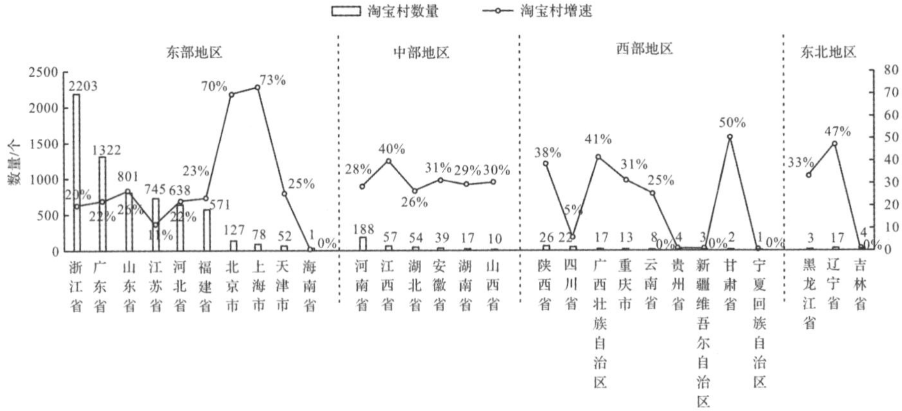

图 3.3　2021 年淘宝村区域分布数量与增速

资料来源：阿里研究院和南京大学空间规划研究中心(2021)。

从产品类型看，淘宝村网销产品主要集中于生活消费品、家电、家装等类目，共性特征是便于储存与运输。2014—2021年，服装、家具、鞋始终稳居淘宝村产品前三类目，近两年手机、家纺、母婴产品开始出现在前十榜单中。大部分淘宝村的发展依托于当地原有的产业基础，少部分淘宝村的产业为电子商务所催生，典型的如山东省菏泽市曹县丁楼村（演出服）、山东省菏泽市单县王南庄村（宠物用品）、山东省菏泽市成武县东张楼村（家具）、山东省菏泽市巨野县姚楼村（日用品）、江苏省徐州市睢宁县东风村（简易家具）、浙江省丽水市缙云县北山村（户外用品）、广东省揭阳市揭东区军埔村（服装）等。

第二节　中国淘宝村包容性创新模式划分

一、淘宝村包容性创新模式与特征

依据创新资源禀赋和创新驱动主体两大维度，包容性创新模式可划分为模式Ⅰ自发驱动型、模式Ⅱ自发培育型、模式Ⅲ政府培育型、模式Ⅳ政府驱动型4种，中国淘宝村现存其中3种（范轶琳等，2021）（见图3.4）：模式Ⅰ自发驱动型指初期拥有集群、专业市场、专业村等产业资源，由市场自发驱动经由复制裂变形成的淘宝村，如河北省清河县东高庄村和浙江省临安区白牛村等；模式Ⅱ自发培育型指初期无相关产业资源，由网商带头人培育产品后自发经由复制裂变形成的淘宝村，如江苏省睢宁县东风村和浙江省缙云县北山村等；模式Ⅳ政府驱动型指初期拥有集群、专业市场、专业村等产业资源，由地方政府驱动经由电子商务服务商孵化形成的淘宝村，如河南省孟津区平乐村和河南省镇平县向寨村等。

中国淘宝村现存三种包容性创新模式的特征如下（见表3.4）：

模式Ⅰ自发驱动型——立足于当地原有的产业资源，经初期少数农村网商的示范带动效应，自发地通过复制裂变形成的淘宝村。在现有淘宝村中，模式Ⅰ的数量占比最高，具有显著的自下而上（bottom-up）特征，其发展关键是富有企业家精神的网商带头人，市场机会在此过程中起催化作用。

创新资源禀赋
无产业资源
有产业资源
创新驱动主体
市场
政府
模式Ⅱ
自发培育型
模式Ⅰ
自发驱动型
模式Ⅳ
政府驱动型

图3.4　淘宝村现存三种包容性创新模式

模式Ⅱ自发培育型——初期无相关产业资源，由网商带头人偶然发现并培育产品后从无到有形成的淘宝村。模式Ⅱ的发展呈现显著的自下而上和弱路径依赖性特征，其商业模式具有完全不同于传统的基因，并由此孕育出全新的产业，此时模式Ⅱ向模式Ⅰ演化。模式Ⅱ的发展关键一是富有企业家精神的网商带头人，二是找准市场机会培育合适的产品。

模式Ⅳ政府驱动型——立足于当地原有的产业资源，由地方政府驱动后通过公私合作（public-private partnership，PPP）或政府购买服务等形式委托电子商务服务商孵化形成的淘宝村。模式Ⅳ具有显著的自上而下特征，其初期发展关键在于地方政府，后期当网商自身具备“造血”能力时，模式Ⅳ向模式Ⅰ演化。

表3.4　淘宝村现存三种包容性创新模式的主要特征

模式类型	模式特点	主要特征	关键要素	模式演化
模式Ⅰ	有产业基础，市场自发驱动	自下而上	网商带头人	N/A
模式Ⅱ	无产业基础，市场自发驱动	自下而上，弱路径依赖性	网商带头人找准市场机会培育合适的产品	当孕育出全新产业时，向模式Ⅰ演化
模式Ⅳ	有产业基础，政府驱动	自上而下	地方政府	当网商自身具备“造血”能力时，向模式Ⅰ演化

二、淘宝村包容性创新模式典型代表

本部分将简要介绍淘宝村现存三种包容性创新模式的典型代表（见表3.5）。

模式Ⅰ自发驱动型在淘宝村现存三种包容性创新模式中数量占比最高,2009 年最早的 3 个淘宝村中有 2 个(浙江省义乌市青岩刘村、河北省清河县东高庄村)属于模式Ⅰ。拟以浙江省义乌市青岩刘村、河北省清河县东高庄村、浙江省临安区白牛村、山东省博兴县湾头村、江苏省沭阳县堰下村 5 个典型淘宝村为例介绍模式Ⅰ。

模式Ⅱ自发培育型多出现在东部沿海省份,如 2009 年最早的 3 个淘宝村之一江苏省睢宁县东风村,此后在浙江、山东、江苏、广东等省份陆续涌现多个模式Ⅱ类型淘宝村。拟以江苏省睢宁县东风村、浙江省缙云县北山村、山东省曹县丁楼村、江苏省灌云县新村、广东省揭东区军埔村 5 个典型淘宝村为例介绍模式Ⅱ。

模式Ⅳ政府驱动型多出现在中西部和东北地区,此类淘宝村最早出现在河南省洛阳市洛龙区和孟津区,随后在河南省南阳市和吉林省吉林市等地陆续涌现出多个模式Ⅳ类型淘宝村。拟以河南省洛龙区掘山村、河南省孟津区平乐村、河南省孟津区南石山村、河南省孟津区东山头村、河南省镇平县向寨村 5 个典型淘宝村为例介绍模式Ⅳ。

表 3.5　淘宝村现存三种包容性创新模式典型代表

模式类型	村庄名称	授牌年份	所在地区	网销产品	所属行业
模式Ⅰ(自发驱动型)	青岩刘村	2009	东部沿海	小商品	百货零售
	东高庄村	2009	东部沿海	羊绒纱线与服装	纺织服装
	白牛村	2013	东部沿海	坚果炒货	农副产品
	湾头村	2013	东部沿海	草柳编	农副产品
	堰下村	2013	东部沿海	花木	农副产品
模式Ⅱ(自发培育型)	东风村	2009	东部沿海	简易家具	家具制造
	北山村	2013	东部沿海	户外用品	体育用品
	丁楼村	2013	东部沿海	演出服与汉服	纺织服装
	新村	2015	东部沿海	情趣内衣	纺织服装
	军埔村	2013	东部沿海	服装	纺织服装
模式Ⅳ(政府驱动型)	掘山村	2016	中西部	钢制家具	家具制造
	平乐村	2016	中西部	牡丹画	工艺美术
	南石山村	2018	中西部	唐三彩	工艺美术
	东山头村	2018	中西部	特色水果	农副产品
	向寨村	2018	中西部	锦鲤和金鱼	农副产品

注:部分资料来源于阿里研究院公开数据。

青岩刘村位于浙江省金华市义乌市[①]江东街道，义乌商业经济发达，被誉为“世界小商品之都”。青岩刘村毗邻义乌国际商贸城，交通便利物流发达，2008 年，国际商贸城搬迁后村内大量空置房亟待出租，河南省创业者孔维刚在村内创办首家淘宝店铺“邻家实惠小店”，标志着青岩刘村开启电商时代。2008 年，村两委主动与义乌工商职业技术学院对接，引进该校学生入驻青岩刘村创业，同年底开出 100 余家网店。2009 年青岩刘村入选首批中国淘宝村。

东高庄村位于河北省邢台市清河县葛仙庄镇，清河县素有“中国羊绒之都”之称，其羊绒分梳业发源于 20 世纪 70 年代末，现为全球最大的羊绒产品集散地和全国最大的羊绒纺纱基地。东高庄村是清河县最早从事羊绒纺纱和羊绒服装生产的行政村。21 世纪初，清河县羊绒产业一度因销售渠道不畅有所萎缩，2006 年，东高庄村初中待业青年刘玉国瞄准市场机会在淘宝店销售羊绒衫（裤），由此点燃了全村电子商务的星星之火。2009 年东高庄村入选首批中国淘宝村。

白牛村位于浙江省杭州市临安区昌化镇，该镇种植加工山核桃的历史已有 500 余年，为江南地区山核桃生产加工重镇，产量与品质均居榜首。2006 年，该村青年潘小忠听从妻弟的建议将传统山核桃生意转至线上，创办了白牛村首家淘宝店铺“山里福娃”，解决了山核桃滞销的问题。村民见状纷纷自发效仿，白牛村逐步发展为主营坚果炒货的淘宝村，被誉为“淘宝坚果第一村”。2013 年白牛村入选中国淘宝村。

湾头村位于山东省滨州市博兴县锦秋街道，当地自清代起就有草柳编织的传统。改革开放后，草柳编工艺品是当地最主要的出口产品之一。2006 年，安宝忠、安保康等先行者尝试开设淘宝店，在其带动下村民开始接触电子商务，2008 年，网店开始大规模涌现，吸引了一批外出务工者和大学生返乡创业。随着网店数量的快速增长，原料、包装、运输等产业链环节逐步完善，2012 年全村网销额达 8884 万元。2013 年湾头村入选中国淘宝村。

---

①义乌市为金华市代管的浙江省直辖县级市。

堰下村位于江苏省宿迁市沭阳县颜集镇，该镇花木种植历史悠久，享有“虞姬故里、花木之乡”称号。2005 年，花农胡义春尝试开设淘宝店销售花木，经过三年的实践开始有了稳定的收益，引发村民纷纷效仿。网店数量的扩张推动了宽带、道路、物流等基础设施建设，村委会积极作为争取政府专项资金，举办专题培训，吸引众多年轻人返乡创业，形成了花木产业线上线下协同发展的格局。2013 年堰下村入选中国淘宝村。

东风村所在地江苏省徐州市睢宁县沙集镇曾为苏北贫困镇，历史上以废旧塑料回收加工为主导产业，村民多外出打工，为远近驰名的“破烂村”。2006 年，东风村大学肄业生孙寒从睢宁县移动公司辞职回乡开设淘宝店，一次偶然的上海之行使其接触到宜家简易拼装家具，遂请木匠改进加工并开始网销，首月销售额即突破 10 万元，凭借脱贫致富的原始欲望和较低的进入壁垒，村民开始自发效仿，由此开启了淘宝创业时代。2009 年东风村入选首批中国淘宝村。

北山村位于浙江省丽水市缙云县壶镇镇，曾是远近闻名的“烧饼村”，村民多外出经营缙云烧饼小吃店。2006 年，村民吕振鸿在朋友介绍下对电子商务产生了浓厚的兴趣，遂回村与其弟吕振鹏创办了北山村最早的两家网店“平价淘淘”和“这里风好大”，专营户外用品。2008 年，吕振鸿建立“北山狼”户外用品品牌，向村民传授创业经验并允许村民分销其产品，掀起了北山村的创业热潮，形成了“自主品牌 + 生产外包 + 网上分销”的格局。2013 年北山村入选中国淘宝村。

丁楼村位于山东省菏泽市曹县大集镇，曹县地处鲁西南，为传统农业大县，属山东省欠发达地区。丁楼村因耕地稀少，多数村民常年外出务工。2009 年底，村民任庆生在妻子的建议下借款购入电脑，开设了全村首家淘宝店铺，并在机缘巧合下选择演出服作为网销产品。在任庆生的示范带动下，电子商务在丁楼村扎根发展，吸引了大批村民淘宝创业，并逐渐扩散至周边村镇。2013 年丁楼村入选中国淘宝村。

新村位于江苏省连云港市灌云县伊山镇，灌云县历史上以农业生产为主，曾为苏北贫困县。2006 年，本地高中生雷丛瑞因母亲失业尝试开设网店，一开始走低价窜货模式，2007 年，误打误撞发现情趣内衣这一蓝海市场，周边亲友纷纷自发效仿开始网销。2009 年，因广州情趣内衣货源难以满足网销需求，雷丛瑞筹资自办工厂，由此带动了灌云县情趣内衣面料、配件、缝纫设备等全产业链的发展。2015 年新村入选中国淘宝村。

军埔村位于广东省揭阳市揭东区锡场镇，食品加工业为该镇传统产业，但前些年逐步走向没落。2012 年，在广州从事淘宝服装销售/配送的黄海金、许史东、黄时加、许冰峰等 12 位军埔村青年陆续返乡开设网店，带动亲友淘宝创业，彼时货源地仍以广州十三行服装批发市场为主。2013 年，锡场镇电商协会成立，在政府助力下军埔村迅速完成了电商配套设施建设，吸引了榕城鞋业协会和普宁国际服装城等供应商入驻设立网批平台。2013 年军埔村入选中国淘宝村。

掘山村位于河南省洛阳市洛龙区庞村镇，该镇钢制家具产业始于 20 世纪 80 年代，现为中国钢制家具产业基地、中国百佳产业集群和河南省最大的钢制家具出口基地，拥有企业 500 余家。2016 年 2 月，庞村镇承办淘宝大学钢制家具产业电商峰会，会上伊滨经济开发区（归属洛龙区）管委会与服务商洛阳闪讯电子科技签约合作启动淘宝镇项目，通过建设庞村镇钢制家具电商孵化基地，服务商常年驻村提供免费的电商培训，当年成功分级孵化百余家淘宝店铺。2016 年掘山村入选洛阳市首批淘宝村。

平乐村位于河南省洛阳市孟津区平乐镇，现为“中国牡丹画第一村”。平乐农民牡丹画兴起于 20 世纪 80 年代中期，最初由几位农民发起设立汉园书画院，业余时间切磋交流绘画技术，而后推动画师队伍不断壮大。2009 年，孟津县政府①规划修建牡丹画产业园，并于 2012 年引入园区运营商洛阳鼎润实业，采用“公司 + 园区 + 签约画师”的模式进行销售。2016 年，县政府与服务商洛阳闪讯电子科技合作，向村民提供免费的电商培训，当年分级孵化百余家淘宝店铺。2016 年平乐村入选洛阳市首批淘宝村。

南石山村位于河南省洛阳市孟津区朝阳镇，该镇作为唐三彩发源地，其

①2021 年 3 月国务院批复同意撤销孟津县、洛阳市吉利区，设立洛阳市孟津区，彼时仍为孟津县。

唐三彩烧制技艺被列为国家级非物质文化遗产。南石山作为唐三彩专业村，拥有唐三彩生产企业72家。2018年5月，孟津县政府与服务商洛阳闪讯电子科技合作启动南石山淘宝村项目，在朝阳镇中心小学开设免费的电商培训班，通过专业班培育企业网商，通过创业班和精英班培育个体网商，当年成功孵化68家活跃网店，年交易额破2000万。2018年南石山村入选中国淘宝村。

东山头村位于河南省洛阳市孟津区送庄镇，建有豫西无公害果蔬种植基地，拥有袖珍西瓜、草莓、蟠桃、葡萄四大特色农产品。2018年，送庄镇启动淘宝村项目，投资200余万元建成农产品电商孵化基地，并与服务商洛阳闪迅电子科技合作，免费为农户提供农业电商培训和创业孵化服务，通过“一个中心、三大体系”着力打造“东山头特色农业淘宝村”，当年成功孵化60余家活跃网店，线上交易额达1926万元。2018年东山头村入选中国淘宝村。

向寨村位于河南省南阳市镇平县侯集镇，20世纪80年代起村民开始养殖观赏鱼，现为“中国锦鲤第一村”，拥有2000多亩鱼塘。2018年镇平县与服务商洛阳闪讯电子科技合作启动淘宝村项目，服务商除了向村民提供免费的电商培训与孵化服务，还通过多重举措创新开发了由特殊材料制成的充氧密封袋，克服了“活体运输”难题，实现了锦鲤和金鱼的线上零售，当年成功孵化70余家活跃店铺，线上销售额达1580万元。2018年向寨村入选中国淘宝村。

第三节　本章小结

本章通过梳理中国淘宝村发展实践，对淘宝村包容性创新模式进行了划分，并总结了现存三种模式背后的典型特征：

模式I自发驱动型指初期拥有集群、专业市场、专业村等产业资源，由市场自发驱动经由复制裂变形成的淘宝村，具有显著的自下而上（bottom-up）

特征,其发展关键是富有企业家精神的网商带头人,市场机会在此过程中起催化作用;模式Ⅱ自发培育型指初期无相关产业资源,由网商带头人培育产品后自发经由复制裂变形成的淘宝村,具有显著的自下而上和弱路径依赖性特征,其发展关键一是富有企业家精神的网商带头人,二是找准市场机会培育合适的产品;模式Ⅳ政府驱动型指初期拥有集群、专业市场、专业村等产业资源,由地方政府驱动经由电子商务服务商孵化形成的淘宝村,具有显著的自上而下特征,其初期发展关键在于地方政府,后期当网商自身具备"造血"能力时,向模式Ⅰ演化。

第四章

中国淘宝村包容性创新模式的机理研究

前述章节为本章研究奠定了良好的基础,明晰了淘宝村包容性创新模式的类型与特征,本章将在此基础上,针对淘宝村包容性创新模式的内在机理问题,对不同模式下的典型淘宝村进行探索性多案例研究。经过理论预设、案例选择、数据收集与分析,得出初步研究结果,并以此为基础推导初始命题。

第一节 理论背景与理论预设

淘宝村包容性创新是指通过电子商务开发与实施新思想,为淘宝村网商个体创造机会平等地参与市场竞争,并提升其经济和社会福利。资源观理论认为,资源对企业的生存和发展至关重要(Kirchhoff, 1994),缺少资源会极大地阻碍企业的成长(Covin and Slevin, 1988; Penrose, 1959)。反观以小微企业和个体工商户为主的淘宝村网商发展现状,囿于农村营商环境的内在局限性和互联网市场游戏规则驯化等原因,常常难以获取技术、人才、资本等所需资源,在市场竞争和博弈中处于弱势地位(聂召英和王伊欢,2021)。淘宝村创新集聚这一特殊的组织形态较好地缓解了这一矛盾(范轶琳等, 2018)。研究表明,集聚是中小企业弥补资源弱势的自觉或不自觉趋向行为(刘巨钦, 2007)。淘宝村创新集聚在帮助网商克服资源限制的同时增强了其对外部冲击的抵御能力,使得网商拥有更多的机会参与市场竞争并从中获益,从而实现包容性创新。

淘宝村创新集聚是指因网商所从事的产业在村域范围内集中而获得的各种创新益处(范轶琳等, 2018),包括集体学习、降低壁垒、规模效应、产业外溢等。本质上,集聚是一种稳定的、非股权的合作(Lockett and Brown, 2006),其目的在于降低成本(Coase, 1937)、增加收益(Contractor and Lorange, 1988)、抵御风险(Ebers, 1997),从而在促进网商发展的基础上实现包容性创新(范轶琳等, 2015)。首先,集聚的正外部性带来了知识和技术的溢出(Marshall, 1925),网商通过“双网学习”有效降低了沟通和学习成本,有助于其通过多种形式的创新实现价值共创。其次,集聚内的专业化分工和产业链配套降低了进入壁垒(Nadvi and Barrientos, 2004),有助于网商在初始资金较少的情况下投入网店运营。再次,集聚产生的规模经济有效降低了生产和运输成本(Krugman, 1991),赋予了网商先发的成本优势,有助于其更为主动地参与市场竞争。最后,集聚助推了产业链上下游的发展,淘宝村主营产业的规模化带动了摄影、美工、物流等电商服务业的发展(梅燕和蒋雨清, 2020),增加了本地的就业和创业机会。

因此,本章认为,淘宝村创新集聚的形成有助于实现包容性创新。为了进一步揭示淘宝村创新集聚的形成机理,本章将探索淘宝村内生状态和包容性创新驱动因素对淘宝村创新集聚的影响作用。

内生状态指淘宝村形成之前已稳定存在的各种相关经济社会属性和村庄内部因素的总和。无论淘宝村形成与否,内生状态早已客观存在,如村庄的产业基础、村民的风险态度(刘亚军和储新民, 2017)、农村社会特性等(范铁琳等, 2018)。研究显示,农村电商的区域集聚深受农村地区环境的影响和塑造(梁强等, 2017),但内生状态并非淘宝村包容性创新的充分条件,还需要创新驱动因素的交互作用。本书将包容性创新驱动因素定义为能够刺激内生状态并与之有机融合继而影响包容性创新过程的必备要素,如富有企业家精神的电商带头人和积极有为的地方政府等(范铁琳等, 2018)。创新驱动因素能够激活内生状态,继而通过网商的复制裂变形成淘宝村创新集聚。

综上,本章提出如图 4.1 所示的淘宝村包容性创新理论预设,拟通过案例研究方法,识别不同模式下内生状态、包容性创新驱动因素、淘宝村创新集聚、包容性创新的构成要素,并在此基础上解析不同模式下要素之间的作用机理。

图 4.1　淘宝村包容性创新理论预设

第二节　研究方法论

一、案例研究方法概述

当研究现象本身与研究情景边界不清晰时，案例研究是一种行之有效的研究方法（Yin，1994），其可以获得其他研究手段不能获得的数据、经验和知识，并以此为基础分析不同变量之间的逻辑关系，进而检验和发展已有的理论体系，或者在证明已有理论的过程中构建新的理论（Eisenhardt，1989）。

案例研究适用于回答“怎么样”（how）和“为什么”（why）的问题（Yin，1994），在管理学研究领域，对定量发现的解释和在此基础上的理论构建最终须建立在定性理解的基础上（Meredith，1998），案例研究也因此成为众多学者在构建新理论时较多采用的基础研究方法。

（一）案例研究类型

根据研究目的的不同，案例研究可以分为描述性、解释性、评价性和探索性四类（Bassey，1999）。描述性案例研究主要是对人、事件或情景的概况做出准确的描述，侧重于描述事例；解释性案例研究对现象或研究发现进行归纳并得出结论，侧重于理论检验；评价性案例研究对研究的案例提出自己的意见和看法，侧重于对特定事例做出判断；探索性案例研究寻找对事物的新洞察或尝试用新观点评价现象，侧重于提出命题。

根据研究中运用案例数量的不同，案例研究可以分为单案例研究和多案例研究（Eisenhardt，1989）。单案例研究主要用于证实或证伪已有理论假设的某方面问题，或用作分析一个极端、独特、罕见的管理情境。多案例研究的特点在于案例内分析（with-in case analysis）和跨案例分析（cross-case analysis），相比单案例研究，多案例研究能通过分析案例间的异同，并在各案例间进行逻辑重复来验证其他案例中得到的结论,由此获得更为深入的理解(Meredith, 1998),从而提升研究的效度(Eisenhardt, 1989)、增加研究结果的普适性并形成更为完整的理论。

本章属于探索性研究,且探析的是“怎么样”和“为什么”的问题,因此案例研究方法是最合适的研究策略(Yin, 1994)。案例研究的指导性问题是:不同淘宝村包容性创新模式背后的机理有何差异?

(二)案例研究步骤

Yin(1994)将案例研究分为五步:研究设计、为收集数据做准备、收集数据、分析数据、撰写研究报告。其中,案例设计的基本模式是:确定研究问题、提出理论假设、确定分析单元、形成连接数据与假设的逻辑、解释研究结果。类似地,国内学者项保华和张建东(2005)将案例研究步骤总结为确定研究问题、理论抽象、收集资料、分析资料、研究结果比较、撰写研究报告,其中撰写研究报告贯穿案例研究始终。Eisenhardt(1989)则认为,旨在构建理论的案例研究主要有8个步骤:在研究初始定义研究问题;选择恰当的总体与案例;采用多种数据收集方法,设计测量工具;进入案例现场收集数据,并对数据进行即时分析;进行案例内及案例间的数据分析;在比较和验证的基础上形成研究假设;将新的构思、理论或假设与已有文献进行比较;在理论饱和时结束案例研究。

综合上述观点,本章在对现有文献进行分析的基础上形成理论预设和研究构思,继而进行案例选择、数据收集与分析,得到初步结论,形成初始命题,为后续章节奠定基础。具体来说,本章拟借助访谈材料,通过分析性归纳探析不同模式下的淘宝村包容性创新内在机理。

二、探索性案例选择

由于单案例研究通常不适用于系统构建新的理论框架,而多案例研究能通过重复验证增加研究结果的普适性并形成更为完整的理论,因此,本章拟运用多案例研究法探析不同模式下淘宝村包容性创新的内在机理,通过重复验证提高探索性案例研究的效度。

本章最终选取了9个典型淘宝村作为案例研究对象,具体选择标准如下:首先,为保证案例研究的代表性,本章选取的研究对象覆盖了现存三种淘宝村包容性创新模式,极具典型性且很好地兼顾了地区及行业差异;其次,为实现多重验证的效果,本章选取的案例兼顾了淘宝村名录上的"老牌明星"和"后起之秀";最后,为提高案例研究的信息丰满度并合理降低案例研究的成本,本章选取的淘宝村兼顾了信息的可得性和案例的代表性。

本章在收集数据资料时遵循以下原则:

第一,使用多证据来源收集数据以提高研究效度。笔者在2014—2021年的八年时间内,通过深度访谈和二手资料整理等方式多渠道收集了80万字的数据资料。对淘宝村网商、地方政府、电子商务服务商等进行半结构化的深度访谈,被访对象均对淘宝村有较为全面深入的理解。访谈结束后,通过电话与微信等形式再次与被访人员沟通,补全所需信息。此外,笔者还通过地方政府网站、阿里研究院公开报告、新闻媒体等渠道获取淘宝村二手资料。

第二,建立案例研究资料库以提高研究信度。本章的案例研究资料库包括访谈笔记、访谈录音和二手资料等。具体而言,在访谈前,通过研究文献和互联网收集淘宝村的公开资料;在访谈时,经被访人员许可后对访谈全程进行录音及笔录,并在访谈结束24小时内对访谈记录进行整理和分析;此外,还向被访人员索取淘宝村相关纸质材料及电子文档;最后,将上述资料归档建立案例研究资料库以备后续数据分析之用。

三、数据分析方法

本章借助9个典型淘宝村的访谈材料分析包容性创新的内在机理,并在此基础上提出初始命题。分析性归纳(analytic induction)是一种定性分析方法,通过将现有理论与关键例子或典型案例重复比较以扩展/修正理论(Glaser and Strauss, 1967)。本章通过对现有理论和案例材料进行重复比较,寻找能同时解释理论和案例的研究框架并不断对其进行添加、缩减或修正,直至研究框架逐渐变得稳定,形成并提出初始命题,为后续研究奠定基础。

第三节　数据来源

本章选取了现存3种淘宝村包容性创新模式下的9个典型淘宝村作为探索性案例研究对象，案例淘宝村的基本信息和发展历史如表4.1和4.2所示。各案例淘宝村的访谈对象信息如表4.3所示。

表4.1　案例淘宝村基本信息

模式类型	村庄名称	授牌年份	所在地区	网销产品	所属行业	2020年网店数量	2020年销售额
模式Ⅰ（自发驱动型）	青岩刘村	2009	东部沿海	小商品	百货零售	4000余家	65.0亿元
	东高庄村	2009	东部沿海	羊绒纱线与服装	纺织服装	300余家	1.0亿元
	白牛村	2013	东部沿海	坚果炒货	农副产品	300余家	4.7亿元
模式Ⅱ（自发培育型）	东风村	2009	东部沿海	简易家具	家具制造	2000余家	39.7亿元
	北山村	2013	东部沿海	户外用品	体育用品	近100家	2.0亿元
	丁楼村	2013	东部沿海	演出服与汉服	纺织服装	4500余家	4.5亿元
模式Ⅳ（政府驱动型）	掘山村	2016	中西部	钢制家具	家具制造	108家	1.3亿元
	平乐村	2016	中西部	牡丹画	工艺美术	145家	2637.0万元
	南石山村	2018	中西部	唐三彩	工艺美术	88家	1491.0万元

表4.2　案例淘宝村发展历史

淘宝村名称	淘宝村发展历史
青岩刘村	位于浙江省金华市义乌市江东街道，义乌商业经济发达，被誉为“世界小商品之都”。青岩刘村毗邻义乌国际商贸城，交通便利物流发达，2008年，国际商贸城搬迁后村内大量空置房亟待出租，河南省创业者孔维刚在村内创办首家淘宝店铺“邻家实惠小店”，标志着青岩刘村开启电商时代。2008年，村两委主动与义乌工商职业技术学院对接，引进该校学生入驻青岩刘村创业，同年底开出100余家网店。2009年青岩刘村入选首批中国淘宝村。2018年青岩刘村成立品牌管理有限公司，承担了主街招商管理、电商培训孵化、高校资源对接、对外管理输出等服务职能，壮大了村集体经济。近两年青岩刘村抓住“网红经济”和“直播经济”机遇，抢占电商发展新高地

续表

淘宝村名称	淘宝村发展历史
东高庄村	位于河北省邢台市清河县葛仙庄镇,清河县素有“中国羊绒之都”之称,其羊绒分梳业发源于20世纪70年代末,现为全球最大的羊绒产品集散地和全国最大的羊绒纺纱基地。东高庄村是清河县最早从事羊绒纺纱和羊绒服装生产的行政村。21世纪初,清河县羊绒产业一度因销售渠道不畅有所萎缩,2006年,东高庄村初中待业青年刘玉国瞄准市场机会在淘宝店销售羊绒衫(裤),由此点燃了全村电子商务的星星之火。2009年东高庄村入选首批中国淘宝村。发展至今,清河县已拥有万余家网店,跻身大型淘宝村集群并入选“中国电子商务百佳县”,羊绒纱线和制成品网络销量占市场总额70%以上,建设有清河县跨境电商创业孵化园和龙飞物流园等配套设施
白牛村	位于浙江省杭州市临安区昌化镇,该镇种植加工山核桃的历史已有500余年,为江南地区山核桃生产加工重镇,产量与品质均居榜首。2006年,该村青年潘小忠听从妻弟的建议将传统山核桃生意转至线上,创办了白牛村首家淘宝店铺“山里福娃”,解决了山核桃滞销的问题。村民见状纷纷自发效仿,白牛村逐步发展为主营坚果炒货的淘宝村,被誉为“淘宝坚果第一村”。2013年白牛村入选中国淘宝村。2020年,白牛电商小镇投入运营,目前正着力打造电商小镇示范型村落景区,未来小镇将从数字旅游和乡村治理等多维度助力白牛数字乡村发展
东风村	所在地江苏省徐州市睢宁县沙集镇曾为苏北贫困镇,历史上以废旧塑料回收加工为主导产业,村民多外出打工,为远近驰名的“破烂村”。2006年,东风村大学肄业生孙寒从睢宁县移动公司辞职回乡开设淘宝店,一次偶然的上海之行使其接触到宜家简易拼装家具,遂请木匠改进加工并开始网销,首月销售额即突破10万元,凭借脱贫致富的原始欲望和较低的进入壁垒,村民开始自发效仿,由此开启了淘宝创业时代。2009年东风村入选首批中国淘宝村。2014年沙集镇跻身首批中国淘宝镇,2016年沙集镇实现淘宝村全覆盖,2020年全镇电商产业规模达128亿元,拥有网店1.65万个,从业人员3.15万人
北山村	位于浙江省丽水市缙云县壶镇镇,曾是远近闻名的“烧饼村”,村民多外出经营缙云烧饼小吃店。2006年,村民吕振鸿在朋友介绍下对电子商务产生了浓厚的兴趣,遂回村与其弟吕振鹏创办了北山村最早的两家网店“平价淘淘”和“这里风好大”,专营户外用品。2008年,吕振鸿建立“北山狼”户外用品品牌,向村民传授创业经验并允许村民分销其产品,掀起了北山村的创业热潮,形成了“自主品牌+生产外包+网上分销”的格局。2013年北山村入选中国淘宝村。2018年壶镇镇跻身中国淘宝镇,2021年北山村电子商务创业园建成运营,入驻了北山狼等3家电商龙头企业,开启了北山电商发展的新篇章

续表

淘宝村名称	淘宝村发展历史
丁楼村	位于山东省菏泽市曹县大集镇,曹县地处鲁西南,为传统农业大县,属山东省欠发达地区。丁楼村因耕地稀少,多数村民常年外出务工。2009 年底,村民任庆生在妻子的建议下借款购入电脑,开设了全村首家淘宝店铺,并在机缘巧合下选择演出服作为网销产品。在任庆生的示范带动下,电子商务在丁楼村扎根发展,吸引了大批村民淘宝创业,并逐渐扩散至周边村镇。2013 年丁楼村入选中国淘宝村。2014 年大集镇跻身首批中国淘宝镇,2020 年起受新冠疫情影响演出服滞销,大集镇网商积极转型,将网销品类拓展至汉服、校服、民族服、婚庆服、运动服等,呈现出强劲的复苏态势
掘山村	位于河南省洛阳市洛龙区庞村镇,该镇钢制家具产业始于 20 世纪 80 年代,现为中国钢制家具产业基地、中国百佳产业集群和河南省最大的钢制家具出口基地,拥有企业 500 余家。2016 年 2 月,庞村镇承办淘宝大学钢制家具产业电商峰会,会上伊滨经济开发区(归属洛龙区)管委会与服务商洛阳闪讯电子科技签约合作启动淘宝镇项目,通过建设庞村镇钢制家具电商孵化基地,服务商常年驻村提供免费的电商培训,当年成功分级孵化百余家淘宝店铺。2016 年掘山村入选洛阳市首批淘宝村,2018 年庞村镇跻身洛阳首批中国淘宝镇,2020 年洛龙区跻身淘宝村集群
平乐村	位于河南省洛阳市孟津区平乐镇,现为“中国牡丹画第一村”。平乐农民牡丹画兴起于 20 世纪 80 年代中期,最初由几位农民发起设立汉园书画院,业余时间切磋交流绘画技术,而后推动画师队伍不断壮大。2009 年,孟津县政府规划修建牡丹画产业园,并于 2012 年引入园区运营商洛阳鼎润实业,采用“公司 + 园区 + 签约画师”的模式进行销售。2016 年,县政府与服务商洛阳闪讯电子科技合作,向村民提供免费的电商培训,当年分级孵化百余家淘宝店铺。2016 年平乐村入选洛阳市首批淘宝村。2021 年平乐镇牡丹画画师队伍已逾 1000 人,小镇尝试通过正骨医术、平乐水席和牡丹画三大产业的融合发展吸引游客,探索“旅游 + 电商”的新模式
南石山村	位于河南省洛阳市孟津区朝阳镇,该镇作为唐三彩发源地,其唐三彩烧制技艺被列为国家级非物质文化遗产。南石山作为唐三彩专业村,拥有唐三彩生产企业 72 家。2018 年 5 月,孟津县政府与服务商洛阳闪讯电子科技合作启动南石山淘宝村项目,在朝阳镇中心小学开设免费的电商培训班,通过专业班培育企业网商,通过创业班和精英班培育个体网商,当年成功孵化 68 家活跃网店,年交易额破 2000 万。2018 年南石山村入选中国淘宝村。当前,南石山村正着力打造“中国. 洛阳唐三彩旅游文化小镇”,计划入驻唐三彩设计大师、生产工匠、创意生产企业等主体,预计年接待游客 50 万人次

表 4.3　各案例淘宝村访谈对象信息

淘宝村	访谈对象、次数、时长
青岩刘村	青岩刘村党支部书记 M(3 次,210 分钟)、青岩刘村团支书 L(1 次,47 分钟)、江东街道科长 L(1 次,30 分钟)、江东街道书记 Z(1 次,22 分钟)、青岩刘创业孵化中心学员 C 和百飞团队总经理 S(1 次,70 分钟)、青岩刘品牌管理有限公司总经理 M 和 X(1 次,136 分钟)、青岩刘品牌管理有限公司员工 T 和 C(1 次,46 分钟)、中共义乌市委全面深化改革委员会办公室工作人员 N(1 次,58 分钟)、木心电子商务有限公司总经理 F(1 次,25 分钟)、青岩刘村网商 W1(1 次,30 分钟)、青岩刘村网商 W2(1 次,68 分钟)、青岩刘村网商 N(1 次,46 分钟)、青岩刘村网商 C(1 次,38 分钟)
东高庄村	清河县羊绒制品市场管委会主任 Z(1 次,105 分钟)、东高庄村会计 S(1 次,36 分钟)、北方羊绒有限公司总经理 S(1 次,30 小时)、库美娇羊绒制品有限公司主管 T(1 次,30 小时)、帕米尔羊绒制品有限公司主管 L(1 次,30 小时)、缔景羊绒服饰有限公司总经理 W(1 次,48 分钟)、网货供应商 R(1 次,30 分钟)、宏业羊绒有限公司董事长 F(1 次,78 分钟)
白牛村	昌化镇人大副主席 Z(1 次,52 分钟)、龙岗镇中国坚果炒货食品城市场监督所所长 Z(1 次,20 分钟)、白牛村党支部书记 J(1 次,46 分钟)、白牛村电商协会会长 X 和秘书长 Z(2 次,116 分钟)、白牛村电商协会工作人员 J 和 M(1 次,41 分钟)、逸口食品有限公司总经理 W(2 次,32 分钟)、逸口食品有限公司客服 N(1 次,5 分钟)、盛记炒货食品厂总经理 Y、白牛村网商 H(1 次,24 分钟)
东风村	睢宁县政协主席 C + 沙集镇电子商务转型示范区主任 Z + 沙集镇党委书记 Y + 万沙集团创始人 P(1 次,70 分钟)、睢宁县电子商务发展工作领导小组办公室主任 Y(1 次,30 分钟)、睢宁县商务局科长 L(1 次,70 分钟)、睢宁县政府职能部门 + 网商座谈会(1 次,170 分钟)、沙集镇镇长 F(1 次,80 分钟)、沙集镇政府科长 W(1 次,60 分钟)、沙集镇政府办事员 Y(1 次,48 分钟)、东风村党支部副书记 L(1 次,150 分钟)、沙集镇电商协会常务副会长 W(1 次,90 分钟)、沙集镇小镇客厅工作人员 W(1 次,20 分钟)、沙集镇网商座谈会(1 次,80 分钟)、米淘商业摄影设计中心创始人 C(1 次,27 分钟)、沙集云仓经理 Y(1 次,8 分钟)、万沙集团总裁助理 S(1 次,58 分钟)、顺丰速运沙集镇负责人 N(1 次,29 分钟)、东风村网商带头人 S(2 次,45 分钟)、东风村网商 W(1 次,48 分钟)、金多喜家具有限公司创始人 C(2 次,83 分钟)、恒驰木业有限公司创始人 W(1 次,21 分钟)、堤旁树家具合伙人 Z(1 次,20 分钟)
北山村	缙云县经济和信息化局副局长 W + 缙云县团委副书记 W + 壶镇镇电商协会秘书长 N + 壶镇镇团委书记 S(1 次,50 分钟)、缙云县团委书记 L(1 次,60 分钟)、缙云县商务局副局长 W(1 次,40 分钟)、壶镇镇经济发展科科长 L(1 次,43 分钟)、缙云县电商企业座谈会(1 次,180 分钟)、北山村党支部书记 L(1 次,50 分钟)、北山狼创始人 L(2 次,115 分钟)、北山狼工作人员 N(1 次,11 分钟)、北山村网商 N(1 次,28 分钟)、北山村网商 X(1 次,15 分钟)、风途网商 L + 好运家饰网商 Z + 狂野者网商 L(1 次,55 分钟)

续表

淘宝村	访谈对象、次数、时长
丁楼村	曹县电子商务服务中心主任 L + 大美曹县宣传视频(1 次,6 分钟)、丁楼村网商 L1(1 次,19 分钟)、丁楼村网商 L2(1 次,24 分钟)、丁楼村网商 Z(1 次,7 分钟)、丁楼村网商 M + 网商 W1 + 网商 W2(1 次,67 分钟)、丫丫服饰创始人 S(1 次,30 分钟)、辰霏服饰创始人 H(1 次,12 分钟)、摄影服务商坤旸传媒工作人员 N(1 次,9 分钟)、曹县灵猫有数网络科技有限公司经理 X(1 次,27 分钟)
掘山村	庞村镇电子商务管理办公室主任 Z(1 次,40 分钟)、庞村镇钢制家具电商孵化基地工作人员 W(1 次,35 分钟)、电子商务服务商闪讯电子科技总经理 Y(2 次,137 分钟)、电子商务服务商闪讯电子科技副总经理 W(1 次,27 分钟)、电子商务服务商闪讯电子科技驻庞村镇工作人员 S 和 T(1 次,42 分钟)、钢制家具企业科飞亚总经理 Z(1 次,25 分钟)、钢制家具企业科飞亚电商运营部经理 W(2 次,85 分钟)、钢制家具企业协美集团总经理 L 和销售经理 C(1 次,57 分钟)、花都集团办公室主任 T(1 次,56 分钟)、掘山村网商 X(1 次,80 分钟)、掘山村网商 T 和 G 等四人(1 次,65 分钟)
平乐村	平乐镇镇长 S(1 次,68 分钟)、平乐镇镇长 W + 经济发展办公室主任 Z + 经济发展办公室顾问 Y(1 次,54 分钟)、电子商务服务商闪讯电子科技总经理 Y(180 分钟)、汉园书画院副院长 G(1 次,30 分钟)、汉园书画院画师 L(1 次,20 分钟)、平乐牡丹画产业园经理 G + 产业园画师 N + 产业园工作人员 M(1 次,34 分钟)、申通快递工作人员 N(1 次,7 分钟)、平乐村网商带头人 H(1 次,30 分钟)、平乐村网商 Z(1 次,18 分钟)、平乐村网商 G(1 次,12 分钟)、电商孵化基地学员 N(1 次,6 分钟)
南石山村	高水旺艺术馆 W 经理(1 次,116 分钟)、电商孵化基地工作人员 L + 南石山村网商 W + 南石山村网商 G(1 次,110 分钟)、张家彩窑创始人 Z(1 次,48 分钟)、南石山村网商带头人 W(1 次,40 分钟)

第四节 分析结果

本节将借助 9 个典型淘宝村的访谈材料，通过分析性归纳剖析理论预设中不同变量的构成要素和作用机理，进而归纳不同淘宝村包容性创新模式背后的机理差异，并提出初始命题。

一、变量的构成要素

在访谈材料的基础上，通过案例内分析，识别出不同模式下内生状态、包容性创新驱动因素、淘宝村创新集聚、包容性创新的构成要素（详见附录3）：

内生状态的构成要素在模式Ⅰ自发驱动型和模式Ⅱ自发培育型案例中均表现为农村社会特性（如人口密度、熟人社会、成员同质性）、农民特性（如能力禀赋、创业思维、风险态度）、创新资源禀赋（如产业集群、专业村、专业市场），而在模式Ⅳ政府驱动型案例中则表现为农村社会特性和农民特性。以创新资源禀赋为例，传统资源观认为，良好的产业资源能为网商的包容性创新提供有力的支持，不仅能有效降低进入壁垒，同时能赋予网商先发的成本优势。案例分析结果显示，与模式Ⅰ自发驱动型和模式Ⅳ政府驱动型不同，模式Ⅱ自发培育型的创新过程呈现明显的弱路径依赖性特征，其发展历史表明本地并无相关产业资源，正如东风村网商W所述（东风村案例）："我们这里跟别的地方不一样，以前是什么产业都没有，既不产家具，又不产木材，快递以前也没有，完全是因为苏北这边的农民太穷了，有几个从电子商务赚了钱之后，加上我们这边的人吃苦耐劳，大家有不断向上的竞争意识，促使这个地方发展，很多地方模仿不了，因为每个地方人文特点不一样。"由此可见，创新资源禀赋并非模式Ⅱ自发培育型淘宝村包容性创新的必要条件。

包容性创新驱动因素的构成要素在模式Ⅰ自发驱动型和模式Ⅱ自发培育型案例中均表现为企业家精神和市场机会牵引，而在模式Ⅳ政府驱动型案例中则表现为政策机会牵引，即地方政府通过公私合作（public-private partnership，PPP）或政府购买服务等形式委托电子商务服务商孵化网商，从而驱动包容性创新，正如电子商务服务商闪讯电子科技总经理Y所述（平乐村案例）："2015年的时候在洛阳市召开了'互联网+教育'大会，孟津县委书记去了，去了之后就说电子商务的培训非常重要，闪迅你作为淘宝大学的服务商，来孟津县把整个乡镇的培训规划做出来，第一期培训搞完之后，当时县统战部牛部长说这样培训的话，点扩散得比较大，我们牡丹画这么好的产业为什么不能去生根呢？就在这样一个背景下我们来做牡丹画。"由此可见，企业家精神和市场机会牵引是模式Ⅰ自发驱动型和模式Ⅱ自发培育型这两类具有典型自下而上特征淘宝村形成与发展的必要条件，而政策机会牵引则是模式Ⅳ政府驱动型这类具有典型自上而下特征淘宝村形成与发展的关键要素。

淘宝村创新集聚的构成要素包括集体学习、降低壁垒、规模效应、产业外溢，这四种构成要素在三种模式下均得到体现。集体学习促进了网商间知识、经验和技能的分享，表现为基于互联网的线上学习和基于农村熟人社会的线下学习，具有“双网学习”的低成本特征，正如青岩刘村团支书 L 所述(青岩刘村案例)：“我们青岩刘村有像这样的共享直播间，还有共享的办公场地，免费给初创者提供工位和电脑。其实做电商很忌讳闭门造车，在孵化中心大家都在努力，氛围感染就不一样，他们在这里最大的好处就是相互之间能交流。”完善的产业链配套不仅大幅降低了网商的进入壁垒，同时因生产要素的集中形成了规模效应，增强了行业竞争力，正如东风村网商 W 所述(东风村案例)：“我们这已经形成了一条完整的产业链，有木材销售、家具加工、加工机械销售和维修，还有物流快递、网店设计、产品拍摄，这个产业链对网商帮助太大了，说实话，想做新产品速度非常快，要原材料打个电话，10 分钟就送来了，原材料账期看你的诚信度、合作次数、合作总量，门槛还是很低的，因为都是乡里乡亲的在做，和陌生客户不一样。”产业外溢增加了行业外的创业和就业机会，物流快递、摄影美工、服务运营等关联行业吸纳了相当数量的人员就业，正如平乐镇镇长 S 所述(平乐村案例)：“我们的产品有规模，有公司(牡丹画产业园运营商)，有画家团队，有电商服务商，有(淘宝网)平台，有(电商孵化)基地，有物流，有装裱，洛阳牡丹画地域风格基本形成了，已经初具规模，产业链上各个环节基本都有了。”

包容性创新的构成要素包括机会创造和福利增长，这两种构成要素在三种模式下均得到体现。淘宝村创新集聚为网商提供了参与市场竞争的机会，有助于其实现经济和社会福利的双重增长，正如曹县电子商务服务中心主任 L 所述(丁楼村案例)：“曹县电商产业带动了 2 万余人精准脱贫，占脱贫人口的 20%，其中 32 个省级贫困村发展成为淘宝村，实现整村脱贫，‘电商 + 产业 + 贫困户’的曹县精准扶贫新模式被商务部官网作为地方经验全面推广。”可见，淘宝村包容性创新是农村网商(BOP 群体)和互联网企业

(传统创新主体)的价值共创和分享,包含了产品、服务、流程、制度、商业模式、供应链等多种形式的创新,其最终目的是为网商个体创造机会并实现福利增长。

故此,本章提出:

命题1:在不同类型的包容性创新模式下,淘宝村内生状态和包容性创新驱动因素的构成要素存在差异,而创新集聚和包容性创新的构成要素并无不同。

二、变量的作用机理

在访谈材料的基础上,通过案例间分析,将不同模式下要素间的作用机理归纳如下:

内生状态和包容性创新驱动因素的交互作用有助于淘宝村创新集聚的形成。在模式Ⅰ自发驱动型的3个案例中,企业家精神和市场机会牵引这两大创新驱动因素激活了创新资源禀赋等内生状态,推动了淘宝村创新集聚的形成,正如清河县羊绒制品市场管委会主任Z所述(东高庄村案例):"现在的电子商务从源头上追溯的话,应该是起步于2006年,那时东高庄村待业青年刘玉国,借助淘宝网把清河县生产的羊绒衫挂到网上销售,而后带动村民越做越大。"在模式Ⅱ自发培育型的3个案例中,企业家精神和市场机会牵引这两大创新驱动因素激活了农村社会特性(如熟人社会)和农民特性(如创业思维)等内生状态,推动了淘宝村创新集聚的形成,正如沙集镇政府办事员Y所述(东风村案例):"2006年出现了网商三剑客,就是孙寒他们,最早在网上做简易家具,然后陆陆续续地带动周边村民,这个地方的村民思想比较活跃,不保守,敢闯敢试,大家尝到甜头赚到钱了,所以复制性越来越强,都跟着干。"在模式Ⅳ政府驱动型的3个案例中,政策机会牵引这一创新驱动因素激活了创新资源禀赋等内生状态,推动了淘宝村创新集聚的形成,正如电子商务服务商闪讯电子科技总经理Y所述(平乐村案例):"与政府签订合作协议后,2016年2月王总带着闪讯电子科技的团队入驻平乐村,从2月到12月申报淘宝村,共培训了四期创业班两期精英班,开了145家淘宝店铺。”

淘宝村创新集聚的形成有助于实现包容性创新。创新集聚带来了集体学习、降低壁垒、规模效应、产业外溢等创新优势。集体学习有助于网商通过“双网学习”提升能力,从而实现经济福利的增长,正如电子商务服务商闪讯电子科技驻庞村镇工作人员 S 所述(掘山村案例):“我这里有个学员,2016 年过来我们这边学习,那时候他是家具厂的工人,学了之后先开了一年网店,然后筹集资金自己开厂,雇了一个团队,完全走线上销售。”降低壁垒和产业外溢有助于增加行业内外的就业和创业机会,正如东高庄村会计 S 所述(东高庄村案例):“在网上卖东西收入普遍好了,淘宝本钱小,就一台电脑,年轻人在家里守着,卖了什么,就上(羊绒制品)市场采购什么,不用本钱,现买现卖,7 天钱就打回来了,市场里网货供应和快递有很多家,方便得很。”规模效应增强了行业竞争力,有助于网商实现经济福利的增长,正如东风村网商带头人 S 所述(东风村案例):“可以这么说,在我们这个地方,无论是板材还是家具配件,在全国都是最低的,产业链形成之后,成本低多了,像我去年一年做了 2000 万,今年做得多,利润率在 15% ~30% 。”

上述作用机理在相关文献中亦得到了印证。村庄内部的社会网络(农村熟人社会)建构在亲缘、友缘和地缘之上,稳定的交往关系建立了村民间的信任(项飚, 2000),创业机会一旦被发现与证实,便会通过社区内成功者(企业家精神)的示范作用被快速且低成本地传递与复制,进而在产业裂变的基础上形成集聚,如东风村的网销家具产业链历经了“淘宝店→家具厂和运输户→快递公司和电脑商店→板材厂”的裂变过程(刘杰和郑风田, 2011)。在某些情况下,淘宝村这种由个体创业者通过电商平台创业而发展起来的产业集群,与政府支持的非产业因素的发展息息相关,地方政府通过“创造创业条件—激发创业动机—提升创业能力—扶持创业活动”的路径推动了区域内创业集群的发展(梁强等, 2016b)。一旦形成集聚,首先,相邻的空间使得村民对身边的先期创业行为“耳濡目染”(刘杰和郑风田, 2011),这种“弥漫在空气中”的知识溢出与信息共享无形中提升了网商的能力,有助于提升其经济和社会福利;其次,产业集群通过分工降低了资本和技术壁垒，给农村地区的广大潜在企业家提供了进入市场的机会（阮建青等，2014）；再次，作为众多村民进行创业选择的正外部性表现，规模经济增强了行业竞争力，降低了新进入者的创业风险与创业成本，从而大幅提升了创业机会的营利性（梁强等，2016b）；最后，产业外溢带动了行业外的创业和就业机会，增加了村民的创业性和工资性收入（Xu et al.，2015），有助于在减贫的基础上实现包容性创新。

故此，本章提出：

命题 2：内生状态和包容性创新驱动因素的交互作用有助于淘宝村创新集聚的形成。

命题 3：淘宝村创新集聚的形成有助于实现包容性创新。

第五节　本章小结

本章通过对 9 个典型淘宝村的探索性案例研究，探析了淘宝村包容性创新模式的内在机理，并推导出 3 个初始命题：

命题 1：在不同类型的包容性创新模式下，淘宝村内生状态和包容性创新驱动因素的构成要素存在差异，而创新集聚和包容性创新的构成要素并无不同。

命题 2：内生状态和包容性创新驱动因素的交互作用有助于淘宝村创新集聚的形成。

命题 3：淘宝村创新集聚的形成有助于实现包容性创新。

上述初始命题既是对既有包容性创新研究的拓展，也是本书后续章节的重要基础。在第六章中，本书将进一步提出模型与假设。

第五章

中国淘宝村包容性创新模式的演化研究

通过第四章的探索性案例分析，本书厘清了淘宝村包容性创新模式的内在机理，本章将在此基础上，从内外权变观视角出发，使用纵向案例研究方法，探析淘宝村包容性创新模式的演化过程这一“黑箱”，尝试在构建淘宝村包容性创新模式演化路径模型的基础上识别演化过程中的影响因素，从而揭示淘宝村包容性创新模式的动态演化机理。

第一节　中国淘宝村包容性创新模式演化路径

本章借鉴范轶琳等(2021)的成果，在现存三种淘宝村包容性创新模式的基础上构建了如图5.1所示的模式演化路径模型。当模式Ⅱ自发培育型孕育出全新产业时，其向模式Ⅰ自发驱动型演化，而当模式Ⅳ政府驱动型网商自身具备“造血”能力时，其向模式Ⅰ自发驱动型演化。因此，淘宝村包容性创新模式演化路径分为两条，即“模式Ⅱ→模式Ⅰ”和“模式Ⅳ→模式Ⅰ”。

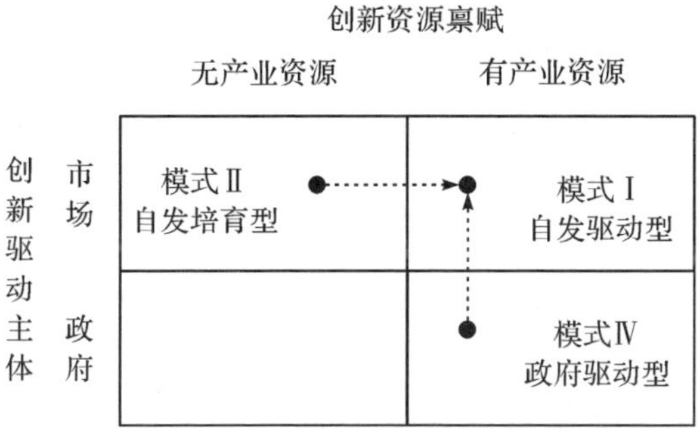

图5.1　淘宝村包容性创新模式演化路径模型

本章拟通过纵向案例研究识别演化路径中的影响因素，进而探析淘宝村包容性创新模式的演化机理。研究问题为：不同淘宝村包容性创新模式之间如何进行演化？

第二节　研究方法与设计

一、研究方法

针对上述研究问题，基于“模式Ⅱ→模式Ⅰ”和“模式Ⅳ→模式Ⅰ”两条演化路径，本章选择纵向对比案例研究方法，理由如下：首先，研究问题具有解释性特征，即探索淘宝村包容性创新模式的动态演化机理，而案例研究适合解决“怎么样”和“为什么”类型的研究问题（Eisenhardt, 1989; Yin, 1994），有助于理解某一特定现象背后的动态复杂机制；其次，纵向案例研究设计以时间顺序构建因果证据链，有利于清晰地呈现中国农村电子商务情境下淘宝村包容性创新模式演化的不同阶段与影响因素，从而提高研究的内部效度（Eisenhardt, 1989）；再次，对比案例设计允许观察不同演化路径与主导因素的匹配过程，相比单案例研究遵循复制逻辑原则，有利于更好地识别因果和匹配关系，从而提高外部效度，得到更具准确性和普适性的理论（Yin, 1994）；最后，对比案例分析强调案例数据、涌现理论和现有文献的递归循环（Eisenhardt and Graebner, 2007），有利于获取数据中蕴含的理论新洞见，构建根植于案例数据的可验证的理论命题，从而拓展现有的包容性创新研究。

二、案例选择

本章的案例淘宝村选定为家具行业，因为家具是中国淘宝村销售额排名前三的产品类目（阿里研究院等，2019），通过分析典型行业的淘宝村包容性创新模式演化过程，不仅可以更为准确地分析研究问题，而且能为其他行业的淘宝村包容性创新实践提供经验启示。

拟选取网销产品同属家具类目的江苏省徐州市睢宁县沙集镇东风村（模式Ⅱ自发培育型）和河南省洛阳市洛龙区庞村镇掘山村（模式Ⅳ政府驱动型）两个淘宝村作为案例研究对象，案例的选取主要遵循如下标准：

第一，聚焦原则（Eisenhardt, 1989）。两个案例淘宝村网销产品同属家具类目，面对的市场环境和行业特点都较为相似，控制住这些因素的影响，有助于降低研究的外部变异。

第二，极化原则（Eisenhardt，1989）。两个案例淘宝村分属不同的包容性创新模式，演化路径存在显著差异，有助于揭示不同模式背后的演化机理差异，增加研究结果的严谨性和普适性。

第三，典型性原则（Pettigrew，1990）。两个案例淘宝村分属不同的包容性创新模式，集中体现了各自所属模式的重要特征，且均呈现出良好的成长性，有助于案例内和案例间的对比分析。

第四，数据充足原则。笔者自 2014 年起追踪研究两个案例淘宝村，与淘宝村发展的重要利益相关者保持了良好的合作关系，方便实地考察调研，有助于遵循案例研究的数据可得性和充足性原则。

案例淘宝村的基本信息如表 5.1 所示。

表 5.1　案例淘宝村基本信息

淘宝村	授牌年份	模式类型	概况简介
东风村	2009	模式Ⅱ 自发培育型	所在地江苏省徐州市睢宁县沙集镇曾为苏北贫困镇，历史上以废旧塑料回收加工为主导产业，村民多外出打工，为远近驰名的“破烂村”。2006 年，东风村大学肄业生孙寒从睢宁县移动公司辞职回乡开设淘宝店，一次偶然的上海之行使其接触到宜家简易拼装家具，遂请木匠改进加工并开始网销，首月销售额即突破 10 万元，凭借脱贫致富的原始欲望和较低的进入壁垒，村民开始自发效仿，由此开启了淘宝创业时代。2009 年东风村入选首批中国淘宝村。2014 年沙集镇跻身首批中国淘宝镇，2016 年沙集镇实现淘宝村全覆盖，2020 年全镇电商产业规模达 128 亿元，拥有网店 1.65 万个，从业人员 3.15 万人
掘山村	2016	模式Ⅳ 政府驱动型	位于河南省洛阳市洛龙区庞村镇，该镇钢制家具产业始于 20 世纪 80 年代，现为中国钢制家具产业基地、中国百佳产业集群和河南省最大的钢制家具出口基地，拥有企业 500 余家。2016 年 2 月，庞村镇承办淘宝大学钢制家具产业电商峰会，会上伊滨经济开发区（归属洛龙区）管委会与服务商洛阳闪讯电子科技签约合作启动淘宝镇项目，通过建设庞村镇钢制家具电商孵化基地，服务商常年驻村提供免费的电商培训，当年成功分级孵化百余家淘宝店铺。2016 年掘山村入选洛阳市首批淘宝村，2018 年庞村镇跻身洛阳市首批中国淘宝镇，2020 年洛龙区跻身淘宝村集群

注：部分资料来源于阿里研究院公开数据。

三、数据收集

本章遵循 Glaser and Strauss（1967）多种数据来源的建议，通过多个访谈者与多来源数据进行“三角验证”（Yin，1994），避免一手资料带来的印象管理（impression management）和回溯性释义（retrospective sensemaking）问题（Eisenhardt and Graebner，2007），以减少信息偏差，提升研究的信度与效度。本章通过收集一手和二手资料整理出 33 万字的原始数据，主要数据来源包括：一是淘宝村网商及其重要利益相关者如地方政府、行业协会、电子商务服务商等的半结构化访谈；二是公开的文献资料，包括国内外学术文献、阿里研究院发布的研究报告与书籍、地方政府及服务商的官网信息等；三是地方政府内部的政策文件与报告。

数据收集过程分为 3 个阶段。第一阶段，研究人员基于互联网和公开的文献资料梳理出两个案例淘宝村的发展历程。第二阶段，研究人员对两个案例淘宝村发展的重要利益相关者进行实地观察与半结构化访谈，每次访谈时间 20～170 分钟不等，访谈结束 48 小时内将录音转为文字并与受访者确认文档信息。第三阶段，研究人员整合所有一手和二手资料，在分析过程中不断与受访者通过电话和微信等形式沟通以补充案例淘宝村信息，并将编码结果交与对方审核反馈。调研时间从 2014 年 7 月开始，至 2021 年 10 月结束，访谈对象基本信息汇总如表 5.2 所示。

表 5.2 案例淘宝村访谈对象基本信息汇总

淘宝村	访谈对象、次数、时长
东风村	睢宁县政协主席 C + 沙集镇电子商务转型示范区主任 Z + 沙集镇党委书记 Y + 万沙集团创始人 P(1 次,70 分钟)、睢宁县电子商务发展工作领导小组办公室主任 Y(1 次,30 分钟)、睢宁县商务局科长 L(1 次,70 分钟)、睢宁县政府职能部门 + 网商座谈会(1 次,170 分钟)、沙集镇镇长 F(1 次,80 分钟)、沙集镇政府科长 W(1 次,60 分钟)、沙集镇政府办事员 Y(1 次,48 分钟)、东风村党支部副书记 L(1 次,150 分钟)、沙集镇电商协会常务副会长 W(1 次,90 分钟)、沙集镇小镇客厅工作人员 W(1 次,20 分钟)、沙集镇网商座谈会(1 次,80 分钟)、米淘商业摄影设计中心创始人 C(1 次,27 分钟)、沙集云仓经理 Y(1 次,8 分钟)、万沙集团总裁助理 S(1 次,58 分钟)、顺丰速运沙集镇负责人 N(1 次,29 分钟)、东风村网商带头人 S(2 次,45 分钟)、东风村网商 W(1 次,48 分钟)、金多喜家具有限公司创始人 C(2 次,83 分钟)、恒驰木业有限公司创始人 W(1 次,21 分钟)、堤旁树家具合伙人 Z(1 次,20 分钟)

续表

淘宝村	访谈对象、次数、时长
掘山村	庞村镇电子商务管理办公室主任 Z(1 次,40 分钟)、庞村镇钢制家具电商孵化基地工作人员 W(1 次,35 分钟)、电子商务服务商闪讯电子科技总经理 Y(2 次,137 分钟)、电子商务服务商闪讯电子科技副总经理 W(1 次,27 分钟)、电子商务服务商闪讯电子科技驻庞村镇工作人员 S 和 T(1 次,42 分钟)、钢制家具企业科飞亚总经理 Z(1 次,25 分钟)、钢制家具企业科飞亚电商运营部经理 W(2 次,85 分钟)、钢制家具企业协美集团总经理 L 和销售经理 C(1 次,57 分钟)、花都集团办公室主任 T(1 次,56 分钟)、掘山村网商 X(1 次,80 分钟)、掘山村网商 T 和 G 等四人(1 次,65 分钟)

四、数据分析方法

案例数据分析是构建理论的核心,本章的数据分析可分为案例内分析和案例间分析。首先,两名研究者对案例淘宝村进行案例内分析,根据收集到的一手和二手资料,在梳理案例内关键事件和转折点的基础上划分淘宝村演化阶段,并归纳不同演化阶段的主导因素。随后,两名研究者通过案例间分析比较两个淘宝村演化机理的相似性和差异性(Eisenhardt, 1989; Miles and Huberman, 1994),通过研究者之间的讨论和对访谈对象的补充调研解决少数冲突观点,并基于复制逻辑不断比较案例数据和涌现的理论,将提炼出的理论框架与现有文献进行对比,直至理论达到饱和,提出淘宝村包容性创新模式演化机理的研究命题。

第三节　案例分析

一、演化阶段

本章借鉴刘亚军和储新民(2017)的成果,结合导致构念发生剧变的关键事件和转折点(江诗松等, 2011),即两个案例的淘宝村(镇[①])授牌年份,将“模式Ⅱ→模式Ⅰ”和“模式Ⅳ→模式Ⅰ”两条演化路径划分为萌芽初创、复制扩张、产业升级三个阶段,各阶段的关键事件梳理如图 5.2 所示。

①2019 年阿里研究院扩展了淘宝镇定义,即一个乡镇一年电商销售额超过 3000 万元、活跃网店超过 300 个,而不局限于是否有淘宝村。此前阿里研究院对淘宝镇的定义为一个镇、乡或街道符合淘宝村标准的行政村大于或等于 3 个即为淘宝镇。本书以阿里研究院此前的定义为划分演化阶段的依据。

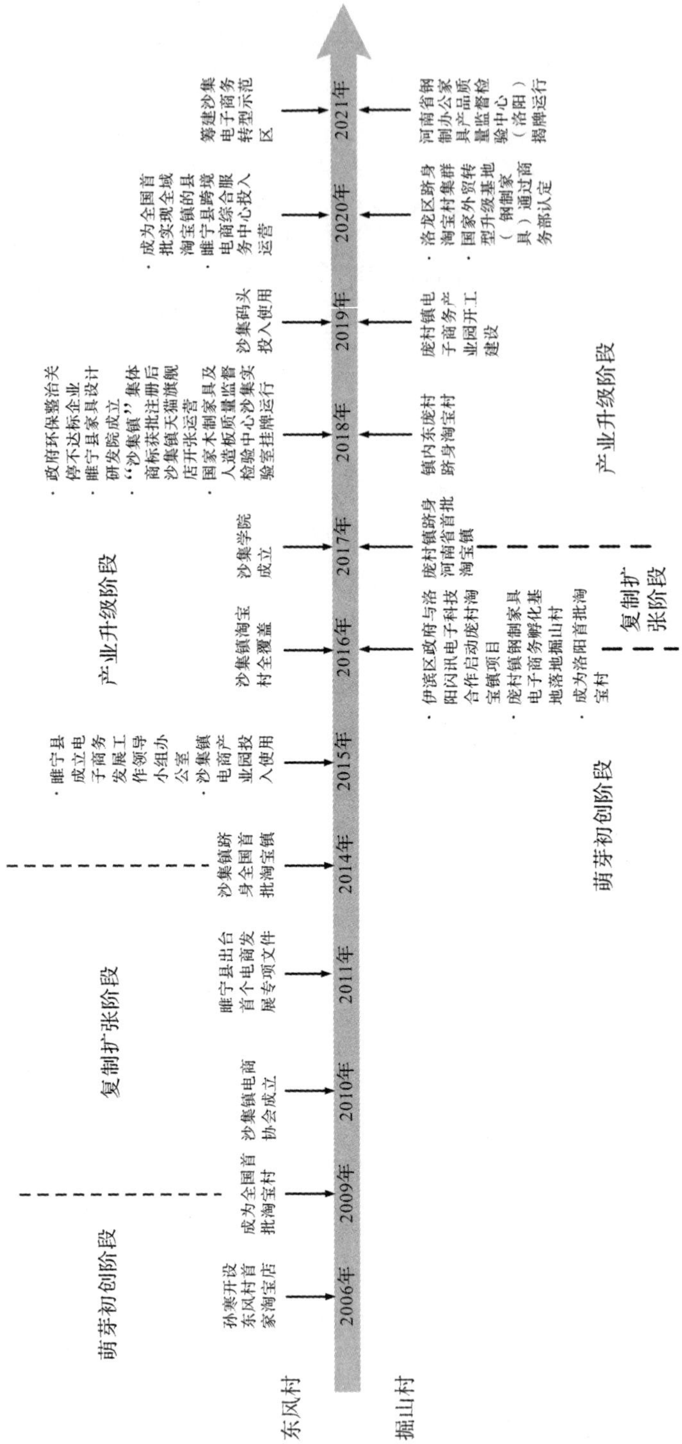

图5.2 案例淘宝村发展阶段与关键事件对比

（一）萌芽初创阶段

萌芽初创阶段指授牌淘宝村（含）之前的阶段。2006 年东风村大学肄业生孙寒辞职开设淘宝店销售宜家风格的简易拼装家具，由此点燃本地创业火种，村民纷纷自发效仿，短短 3 年时间，村内陆续萌生了家具厂、快递公司、电脑商店等产业链配套环节，东风村于 2009 年末成为全国首批淘宝村。

与东风村不同，掘山村的萌芽初创源于地方政府的驱动，2016 年 2 月伊滨经济开发区管委会（归属洛龙区）与电子商务服务商洛阳闪讯电子科技签约合作，由政府出资在掘山村建设庞村镇钢制家具电商孵化基地，同时通过政府购买服务形式向村民提供免费的电子商务培训，对前 100 家开设的淘宝店铺给予 1000 元创业补贴，当年成功分级孵化 135 家活跃店铺，线上销售额达 2200 万元，掘山村于 2016 年末成为洛阳市首批淘宝村。

对比东风村和掘山村的萌芽初创阶段，前者无相关产业资源，由富有企业家精神的网商带头人发现并培育产品，呈现典型的自下而上和弱路径依赖性特征，后者正好相反，依托当地原有的产业资源，由地方政府驱动经由电子商务服务商孵化形成，呈现典型的自上而下特征。

（二）复制扩张阶段

复制扩张阶段指授牌淘宝村之后到授牌淘宝镇（含）之前的阶段。这一阶段东风村的网销模式通过先行者的示范作用被快速且低成本地复制扩张至沙集镇，村民开始投资建设上游板材厂，地方政府及时作为，于 2010 年推动成立沙集镇电商协会，并于 2011 年出台了《睢宁县加快电子商务发展的暂行意见》，引导产业有序发展，2014 年底沙集镇因拥有东风、丁陈、夏圩、兴国、朱庙 5 个淘宝村成功跻身全国首批淘宝镇。

与东风村不同，在地方政府的强力驱动下，掘山村的复制扩张阶段仅 1 年时间。电子商务服务商闪讯电子科技派驻含运营、美工、推广在内的专业团队常年驻村服务村民及企业，通过举办电商创业、电商精英、岗位专才等培训班，分级孵化三类店铺：标杆店铺专人专店运营、重点店铺方案辅助、活跃店铺助力发展，推动村民分销模式的扩散和本地企业的电商转型，2017 年底庞村镇因新增白草坡和西庞 2 个淘宝村，拥有 395 家活跃店铺，线上交易额破 9000 万元，成功跻身河南省首批淘宝镇。

（三）产业升级阶段

产业升级阶段指授牌淘宝镇之后的阶段。这一阶段东风村所在的睢宁县抓住机遇，出台了一系列电商发展专项政策：2015 年成立睢宁县电子商务发展工作领导小组办公室，规划引导全县电商产业发展；同年沙集镇电商产业园一期投入使用，缓解了电商大户的用地需求；在 2016 年沙集镇实现淘宝村全覆盖的基础上，2017 年末挂牌成立沙集学院，提供定制化的电商培训；2018 年进行环保专项整治关停不达标企业，同年成立睢宁县家具设计研发院，与南京林业大学、河南工业大学等高校对接合作；2018 年“沙集镇”集体商标获批注册，同年末沙集镇天猫旗舰店由镇属国有企业上线运营，同年国家木制家具及人造板质量监督检验中心沙集实验室挂牌运行，提供结构设计、胶合强度、甲醛含量等检测服务；2019 年沙集码头投入使用，着力降低木材进口成本，同年木材产业园和家具专业市场分别进入调整规划与施工建设阶段；2020 年睢宁县 15 个镇和 3 个街道实现淘宝镇全覆盖，成为全国首批实现“全域淘宝镇”的县，同年底睢宁县跨境电商孵化中心正式投入运营，在整合跨境电商发展要素和资源的基础上，实现运营支持、企业孵化、人才培训、服务外包等功能；2021 年以沙集镇为核心，高作镇、凌城镇、邱集镇王林片区为重点，规划筹建沙集电子商务转型示范区，致力于将睢宁县东部四镇打造成区域先进家居智造中心示范样板、综合物流集聚区和江苏省数字经济振兴乡村先导区，全面推动电商产业转型升级。由于抓住了市场和政策契机，2020 年沙集镇和睢宁县电商交易额分别突破 128 亿元和 395 亿元。

与东风村不同，掘山村的产业升级阶段迄今不足五年，2018 年镇内东庞村新晋淘宝村，同年庞村镇电子商务产业园获批立项，并于 2019 年正式动工建设；2020 年庞村镇所属洛龙区因新增军屯、大庄、窑沟、郑村、李家 5 个淘宝村跻身淘宝村集群，同年底河南省洛阳经济技术开发区国家外贸转型升级基地（钢制家具）正式通过商务部认定；2021 年河南省钢制办公家具产品质量监督检验中心（洛阳）在庞村镇正式揭牌，提供家具产品零配件及有毒有害物质检验服务，政府着力引导钢制家具产业向“家居化、绿色化、个性化、智能化”方向发展。这一阶段除了村民，越来越多的本地钢制家具企业尝试通过电子商务实现转型，庞村传统产品以文件柜等办公家具为主，在电子商务的催化作用下，部分嗅觉敏锐的企业如科飞亚顺应线上需求研发可拆解拼装的日用钢制家具，在开拓利基市场的同时有效降低了物流成本；赛福德钻研新材料、新技术、新设计以满足消费者的定制化需求，成功转型医养家具的研发与生产；花都等龙头企业加速从传统外贸转型跨境电商，推动本地产业升级。在市场和政策机会的双重利好下，2020 年庞村镇电商销售超 174 万单，交易额破 6 亿元。

二、驱动因素

本章拟从内外权变观视角审视淘宝村包容性创新模式演化路径中的影响因素，如果演化来源于淘宝村网商的主动选择，则为内部驱动因素的作用结果，反之，如果来源于网商对外部环境的被动适应，则为外部驱动因素的作用结果。结合现有文献及访谈资料，本章识别出企业家精神和学习能力两大内部驱动因素，竞合压力和机会牵引两大外部驱动因素（见表 5.3 和表 5.4）：企业家精神指在一定的社会人文环境和经济制度规范下形成的，体现创业者的创新性、冒险精神、成就愿望和机会敏感性的综合性品质与意志（Kirzner, 1973）；学习能力指创业者采纳不同学习模式的方法与技巧，本章对学习模式的划分沿袭 DUI 模式（Jensen et al., 2007），即干中学（learning by doing）、用中学（learning by using）、交互中学（learning by interacting）；竞合压力指通过竞争与合作的有机共存促使市场主体发展的推动力；机会牵引指政策红利、市场契机及二者的综合作用对市场主体发展的拉动力。

表 5.3　演化驱动因素分析

驱动因素	淘宝村	萌芽初创阶段	复制扩张阶段	产业升级阶段
企业家精神	东风村	★个体层面	村域层面	区域层面
	掘山村	N/A	个体层面	★村域层面
学习能力	东风村	干中学	用中学	★交互中学 Ⅰ
	掘山村	交互中学 Ⅱ	★干中学、用中学	交互中学 Ⅰ
竞合压力	东风村	以合作为主	以竞争为主	★竞合互动
	掘山村	N/A	以竞争为主	竞争加剧
机会牵引	东风村	市场机会	★政策机会	综合机会
	掘山村	★政策机会	市场机会	综合机会

注：打★号为相应阶段的主导因素。

表5.4 演化驱动因素的阶段性特征

驱动因素	淘宝村	萌芽初创阶段	复制扩张阶段	产业升级阶段
企业家精神	东风村	以网商带头人等先行者的个体特质为主，以冒险精神、成就愿望和对市场机会的敏感性为核心	通过乡土社会的人际关系网络及衍生企业快速扩散至村域层面	通过产业链上的联盟与合作快速扩散至区域层面，以创新性为核心
	掘山村	有别于自发形成的淘宝村，由政府驱动形成，故初期缺乏企业家精神	以服务商孵化沉淀的标杆网商的个体特质为主，包含冒险精神、成就愿望和机会敏感性	通过政府的宣传引导、乡土社会的人际关系网络、衍生企业等方式扩散至村域层面
学习能力	东风村	通过乡土社会的人际关系网络从实践中学习以提升熟练程度	通过观察和使用淘宝平台系统提升适应性及效率	通过与同行、顾客、供应商甚至外部高校和科研院所的交流合作进行学习
	掘山村	通过与电子商务服务商的紧密联系和高频互动进行学习	通过淘宝平台系统操作和线下实践将服务商传授的知识进行内化	通过与同行、顾客、供应商的交流合作进行学习
竞合压力	东风村	电商带头人通过乡土社会的人际关系网络示范引领村民致富	随着网销模式的快速扩散竞争加剧爆发价格战	网商抱团合作整合资源开拓市场，通过产品创新实施差异化竞争
	掘山村	网商间竞争与合作均不凸显	随着网店数量的增加竞争凸显，出现价格战	竞争进一步加剧，少部分网商实施差异化竞争
机会牵引	东风村	电商带头人率先识别并抓住网销简易家具这一市场空白	地方政府出台系列政策引导和推动电商产业有序发展	抓住市场契机和政策红利实现产业升级
	掘山村	政府与服务商合作启动庞村淘宝镇项目	村民和企业抓住网销市场需求	抓住市场和政策机会寻求产业升级

萌芽初创阶段，东风村由孙寒率先识别并抓住网销简易家具这一市场空白，通过乡土社会的人际关系网络示范引领村民致富，此时网商间以合作为主，通过反复从实践中学习以提升熟练程度，学习模式体现为干中学；此阶段孙寒等创业先行者身上个体层面的企业家精神发挥了至关重要的作用，冒险精神、成就愿望和对市场机会的敏感性等个体特质直接推动了东风村的后续演化。复制扩张阶段，乡土社会的人际关系网络和衍生企业推动

企业家精神快速从个体层面扩散至村域层面，引发网店数量的裂变式增长，沙集镇由此跻身淘宝镇，这一阶段网商通过观察和使用淘宝平台系统提升了适应性及效率，学习模式体现为用中学；随着网销模式的快速扩散，网商间从以合作为主转向以竞争为主并由此开启价格战，地方政府出台系列政策措施，引导并推动了电商产业的有序发展，发挥了举足轻重的作用。产业升级阶段，企业家精神通过产业链上的联盟与合作快速扩散至区域层面，带动了睢宁县乃至毗邻的宿迁市电商产业的发展，此时的创业精神从冒险精神和成就愿望跃迁至以创新性为核心；网商抓住市场契机和政策红利，抱团合作、整合资源、开拓市场，通过产品创新实施差异化竞争，同时，积极与同行、顾客、供应商甚至外部高校和科研院所进行交流合作，此阶段竞合互动与交互中学Ⅰ作为两大主导因素，有力地推动了产业的转型升级。

有别于自发形成的淘宝村，掘山村由地方政府驱动经由服务商孵化形成，政策机会在萌芽初创阶段发挥了主导作用，这一时期村民普遍缺乏企业家精神，主要通过与电子商务服务商的紧密联系和高频互动进行学习，学习模式体现为交互中学Ⅱ，此时网商间竞争与合作均不凸显。复制扩张阶段，服务商培训孵化的标杆网商发挥了引领作用，通过示范效应带动村民，此时企业家精神仍停留在个体层面，以标杆网商的个体特质为主；此阶段村民抓住市场机会开设网店，通过淘宝平台系统操作和线下实践将服务商传授的知识进行内化，学习模式体现为干中学和用中学，这一过程至关重要，决定了网店后续能否持续运营；随着网店数量的增加庞村镇跻身淘宝镇，此时竞争凸显出现价格战。产业升级阶段，个体层面的企业家精神通过政府的宣传引导、乡土社会的人际关系网络、衍生企业等方式扩散至村域层面，作为核心“催化剂”助推了产业升级；随着竞争的进一步加剧，部分网商通过产品创新实施差异化竞争，借助市场和政策的双重利好提升竞争力；此阶段村民通过与同行、顾客、供应商的合作交流提升学习能力，学习模式体现为交互中学Ⅰ。

本章将演化三阶段主导因素的典型例证梳理如表5.5所示。

表5.5　演化三阶段主导因素典型例证

淘宝村		萌芽初创阶段	复制扩张阶段	产业升级阶段
东风村	主导因素	个体层面的企业家精神	政策机会	交互中学Ⅰ、竞合互动
	典型例证	“因为我以前对宜家有点印象，而且比较喜欢它的风格，偶然一次在宜家看到简易家具，我感觉这个东西应该可以自己做，而且利润应该还可以，我就拿样品到周边村镇找木工和家具厂，将近1个月时间找了二三十家，周边乡镇都跑完了，最后回到沙集这边，有个熟人介绍，对方有个小家具厂，就找他做，做了之后价格合适，做工也还可以，就从那开始。”——东风村网商带头人S	“县政府正在规划电商园区，11栋标准厂房总计4.5万平方米，全部由政府提供土地，网商自行认购，整个园区的厂房按照统一的规划设计要求进行招投标，基础配套设施像管网和道路由政府来投资建设。”——沙集镇政府科长W	“沙集镇电商产品整体还是比较低端，缺乏创新，所以我们与南京林业大学合作，由他们开发产品，我们协会申报专利，免费给会员使用，下一步我们打算抱团合作引进法国设计师资源，买断设计师自有品牌。此外，政府经常组织网商外出参观，今年党委书记亲自带队去赣州市南康区和佛山市顺德区，看人家的企业和产品，比较震撼。”——沙集镇电商协会常务副会长W
掘山村	主导因素	政策机会	干中学、用中学	村域层面的企业家精神
	典型例证	“当时洛阳市商务局副局长胡大鹏调任伊滨经济开发区管委会主任，他对电子商务非常懂行，选的庞村镇，因为这里产业非常好。2016年2月签约启动淘宝村项目，当时针对网商新开店奖励1000元，通过培训沉淀了135家活跃店铺，8月申报淘宝村时销售额突破2000万元。”——电子商务服务商闪讯电子科技总经理Y	“培训过后我和小伙伴们摸索着干，像店铺中做详情页，可能会有一些淘宝违规词，比如极限词之类的，开始都不了解，还有盗图，被人举报4次以后我才重新弄。”——掘山村网商X	“你今天看这里网商这么多，初期政府都做了很大的功课！后来有了效果，村民都主动来了，包括周边的李村镇和寇店镇的都来这边学习。”——电子商务服务商闪讯电子科技总经理Y

三、演化机理

在访谈材料的基础上，经过案例间分析，本章发现模式Ⅱ和模式Ⅳ两类淘宝村包容性创新模式的演化机理共性和差异并存：

在共性方面，企业家精神和学习能力作为内部驱动因素，竞合压力和机会牵引作为外部驱动因素，合力推动了两类模式的动态演化。首先，企业家精神是淘宝村产业演化的内生动力因素（刘亚军和储新民，2017），其内含的创新性和冒险精神通过乡土社会的人际关系网络影响创业者的产生（刘杰和郑风田，2011），驱动了淘宝村主体商业模式的复制与扩散，正如金多喜家具有限公司创始人 C 所述（东风村案例）："跟了我三年的一个设计师，辞职跟他妹妹合伙开了一家全屋定制店，本来我也计划在宿迁市开全屋定制店的，结果被他捷足先登了。"；其次，农村网商的"双网学习"形成了淘宝村产业演化的复制机制（Hu and Liu，2017；刘亚军和储新民，2017），网商通过基于互联网的线上学习和基于农村熟人社会的线下学习，凭借干中学、用中学、交互中学等学习模式提升能力，推动了淘宝村的发展升级，正如电子商务服务商闪讯电子科技驻庞村镇工作人员 S 所述（掘山村案例）："我这里有个学员，2016 年过来我们这边学习，那时候他是家具厂的工人，学了之后先开了一年网店，然后筹集资金自己开厂，雇了一个团队，完全走线上销售。"；再次，网商间的竞争与合作形成了淘宝村产业演化的选择机制（刘亚军和储新民，2017），竞争激发了创新，促进了稀缺资源的最优分配（Lado et al.，1997），合作则是在面对资源稀缺性和企业成长的内在要求这一矛盾时的理想选择（Mahoney and Pandian，1992），竞合作为对立统一体有助于网商获取协同效应，增强对外部冲击的抵御能力，正如沙集镇镇长 F 所述（东风村案例）："现在大家都很理性，会有意识地错位竞争，不像以前一款产品一窝蜂去做，合作也从半松散型分销慢慢转为紧密型合作，比如申请集体商标。"；最后，机会牵引是淘宝村产业演化的外生动力因素，政府的引导与扶持促进了淘宝村的发展（徐智邦等，2017；张英男等，2019），市场机会则提供了巨大的发展空间，二者融合后赋予了网商更好的外部环境，正如庞村镇电子商务管理办公室主任Z所述(掘山村案例):“如果没有政府出面引导,依靠市场力量,以我的感觉可能也会形成淘宝村,但实话实说发展的速度没那么快,规模也没那么大,肯定各自为战,现在走捷径,少绕很多弯路。”

故此,本章提出:

命题1:企业家精神和学习能力作为内部驱动因素,竞合压力和机会牵引作为外部驱动因素,合力推动了模式Ⅱ和模式Ⅳ两类淘宝村包容性创新模式的动态演化。

在差异方面,两条演化路径的不同阶段分别由不同的驱动因素发挥主导作用。以企业家精神和机会牵引为例,在创业氛围浓厚的东部沿海地区,创业带头人驱动淘宝村的出现往往是大概率事件(刘亚军和储新民,2017),这解释了为何企业家精神能够弥补以东风村为代表的模式Ⅱ类型淘宝村因初期产业资源禀赋缺失所形成的短板,从而在萌芽初创阶段发挥主导作用,并会伴随时间推移快速扩散至村域乃至区域层面,但发展至一定阶段,受BOP群体自身知识能力水平所限,亟待政府的引导与扶持,故政策机会在复制扩张阶段发挥主导作用;与模式Ⅱ不同,以掘山村为代表的模式Ⅳ类型淘宝村多分布于中西部地区,拥有集群、专业村、专业市场等产业资源,但受小富即安等地域文化传统影响,发展初期往往缺乏企业家精神,需由地方政府驱动并激活既有的产业资源禀赋,故政策机会在萌芽初创阶段发挥主导作用,发展至后期,企业家精神通过政府的宣传引导、乡土社会的人际关系网络、衍生企业等方式扩散至村域层面,创新性作为其中的核心要素转而成为本地产业升级的关键,决定了淘宝村能否实现可持续发展,研究表明,正是创业者在空间上非均匀地出现才导致了经济发展的地区性分异现象(刘杰和郑风田,2011),相较集聚和溢出效应,企业家精神对落后地区经济增长的作用更为显著(Stephens et al.,2013),是长期经济增长的真正源泉(庄子银,2005),故企业家精神在产业升级阶段发挥主导作用。以学习能力和竞合压力为例,文献表明,发展中国家的包容性创新需要在多个社会行动者之间进行系统性互动,其中,交互中学是创新产生和持续的必要但不充分条件(Martínez et al.,2018),此外,还需要竞争与合作的有机共存以创造丰厚的利益(Rusko, 2011)。通常,企业与竞争对手的合作发生在需要解决外部环境所造成的共同损失或争取全行业共同利益时(Miotti and Sachwald, 2003),这与以东风村为代表的模式Ⅱ包容性创新实践完全吻合,其学习能力遵循“干中学→用中学→交互中学Ⅰ”的常规轨迹进行跃迁,竞合压力初期因农村熟人社会以合作为主,随后因商业模式的快速扩散转为以竞争为主,进入产业升级阶段,网商通过竞合互动应对环保风暴并争取集体商标等共同利益,同时与顾客、供应商、高校及科研院所进行交流合作,有效推动了产业结构的优化升级,故竞合互动与交互中学Ⅰ在此阶段发挥主导作用。与模式Ⅱ不同,以掘山村为代表的模式Ⅳ包容性创新由政府驱动,服务商作为中介发挥了促进和配置功能,引导网商按照“交互中学Ⅱ→干中学、用中学→交互中学Ⅰ”的独特轨迹提升能力,干中学、用中学因网商知识内化的需求在复制扩张阶段发挥主导作用,竞合压力初期因政府驱动故而竞争与合作均不凸显,后期随着网店数量的增加竞争显现并持续加剧,但迄今尚未形成竞合互动的氛围。

故此,本章提出:

命题2:“模式Ⅱ→模式Ⅰ”和“模式Ⅳ→模式Ⅰ”两条演化路径的不同阶段分别由不同的驱动因素发挥主导作用。

命题3:地域文化传统和产业资源禀赋的差异,导致“模式Ⅱ→模式Ⅰ”和“模式Ⅳ→模式Ⅰ”两条演化路径不同阶段的主导因素各不相同。

本章将两类淘宝村包容性创新模式的纵向演化机理梳理如图5.3所示。

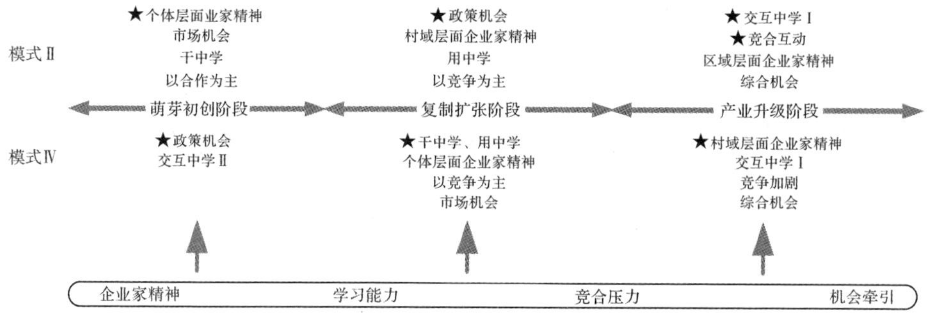

图5.3 淘宝村包容性创新模式的纵向演化机理

注:打★为相应阶段的主导因素。

第四节　本章小结

本章通过对东风村（模式Ⅱ）和掘山村（模式Ⅳ）的纵向对比案例研究探析了淘宝村包容性创新模式的演化过程与机理，并由此推导出3个初始命题：

命题1：企业家精神和学习能力作为内部驱动因素，竞合压力和机会牵引作为外部驱动因素，合力推动了模式Ⅱ和模式Ⅳ两类淘宝村包容性创新模式的动态演化。

命题2："模式Ⅱ→模式Ⅰ"和"模式Ⅳ→模式Ⅰ"两条演化路径的不同阶段分别由不同的驱动因素发挥主导作用。

命题3：地域文化传统和产业资源禀赋的差异，导致"模式Ⅱ→模式Ⅰ"和"模式Ⅳ→模式Ⅰ"两条演化路径不同阶段的主导因素各不相同。

上述初始命题源自案例研究，但案例研究本身无法产生统计意义上的结论，本书将在第六章中发展更为具体的研究假设，通过大样本数理统计分析检验不同模式下的淘宝村包容性创新绩效，以验证淘宝村包容性创新模式演化路径的隐含假设，增强对现实问题的理论解释力和指导力。

第六章

中国淘宝村包容性创新模式的绩效研究

通过前述章节的探索性案例分析，本书提出了淘宝村包容性创新模式机理和演化的初始命题，本章将在前述研究的基础上，结合现有文献展开理论探讨，提出淘宝村包容性创新模式绩效研究的概念模型，通过大样本问卷调查进行验证，并对实证研究结果进行分析与讨论。

第一节　模型构建与研究假设

前述章节的案例分析表明，淘宝村包容性创新是指通过电子商务开发与实施新思想，为淘宝村网商个体创造机会平等地参与市场竞争，并提升其经济和社会福利，包含福利增长和机会创造两大要素。企业家精神和学习能力作为内部驱动因素，推动了淘宝村包容性创新模式的演化，本节将进一步探析企业家精神和学习能力对淘宝村包容性创新的作用机制，并分析包容性创新模式在其中的作用。

一、企业家精神与淘宝村包容性创新

自 Schumpeter(1934)首次提出企业家精神这一概念后，学界从新古典经济学、制度经济学、内生经济增长等众多理论视角对其进行了深入细致的研究。Schumpeter(1934)认为，企业家精神是为实现创造经济价值目的而发起的管理经济资源重新分配所需的一连串行为。McClelland(1961)认为，企业家精神包括预见性、冒险性、创新性等一系列推动组织成长和利润率提升的活动。Kirzner(1973)认为，企业家精神是以市场为中心的学习过程。Drucker(1985)认为，企业家精神是新产品或新服务的机会被确认、创造并最终开发而创造财富的创新过程。Covin and Slevin(1991)认为，企业家精神是高层管理者更倾向于采取的冒险性商业行为，为了获取竞争优势，乐于改变与创新，以及在与对手竞争时具有开创性。Chua et al. (1999)认为，企业家精神包含企业现有内外之新组织的创立、更新和创新等活动。学者们还对企业家精神的构成要素进行了探索：Begley(1995)认为，企业家精神通常包含承担风险的倾向、成就的需求、自主权的需求、自我技能和内外控制五项态度;李新春和丘海雄(2002)认为,企业家精神由敬业精神、创新精神和合作精神三方面构成;Baumol et al.(2009)认为,企业家精神包括感知、勇气和行动三大要素;De Jong et al.(2011)认为,企业家精神包括创新性、主动性和冒险性三大维度。

综合上述文献,本书将企业家精神定义为,在一定的社会人文环境和经济制度规范下形成的,体现创业者的创新性、冒险精神、成就愿望和机会敏感性的综合性品质与意志,包含创新性、主动性和冒险性三大维度。淘宝村研究显示,企业家精神是淘宝村产业演化的内生动力因素(刘亚军和储新民,2017),其内含的创新性和冒险精神通过乡土社会的人际关系网络影响创业者的产生(刘杰和郑风田,2011),驱动了淘宝村主体商业模式的复制与扩散。淘宝村发展实践亦表明,以本地农民、返乡务工者、回乡创业大学生为主体的淘宝村网商,在强烈致富动机的驱使下,在电商带头人的示范引领下敢为人先,成就了众多创业典范。在创业氛围浓厚的东部沿海地区,企业家精神能够弥补以东风村为代表的模式Ⅱ类型淘宝村因初期产业资源禀赋缺失所形成的短板,驱动创业能人在萌芽初创阶段主动抓住市场机会,继而创造经济和社会福利;在以中、西部地区为主的掘山村等模式Ⅳ类型淘宝村发展后期,企业家精神中的创新性成为当地产业升级的主导因素,决定了网商能否把握市场和政策的综合机会,实现福利的持续增长(范轶琳等,2021)。研究表明,相较集聚和溢出效应,企业家精神对落后地区经济增长的作用更为显著(Stephens et al.,2013),是长期经济增长的真正源泉(庄子银,2005)。正是创业者在空间上非均匀地出现才导致了经济发展的地区性分异现象(刘杰和郑风田,2011),创业能人身上的企业家精神是淘宝村形成和发展的关键动能(李红玲和张晓晓,2018),在较大程度上决定了淘宝村所能达到的高度(曾亿武等,2020)。由此,本章提出:

假设1:企业家精神正向作用于福利增长。

假设2:企业家精神正向作用于机会创造。

二、学习能力与淘宝村包容性创新

能力是一种比技能更广的概念，包含知识、技能、理解以及意愿（Burgoyne，1989）。创业能力是包含创业者性格、知识、技能、人口统计特征的高水平个人综合特质（Man，2001）。众多学者认为，学习能力是创业能力中不可或缺的构成维度（Man，2001；程博，2010；苗青和王重鸣，2003；王庆喜，2007），主要包含专业技术能力、总结经验能力和多渠道获取知识能力（程博，2010）。关于创业学习的过程，Deakins and Freel（1998）认为，创业学习过程是非连续、非线性且基于关键事件的，Politis（2005）则认为，创业学习过程是连续的，是创业经验、管理经验和行业经验的转换，先前事件的结果、职业导向和占优逻辑等均会影响这一过程。关于创业学习的对象，Deakins and Freel（1998）认为，通常包括同行与客户等，魏江等（2005）则认为，主要包括竞争对手、合作者、同事、朋友、政府负责人等。关于创业学习的途径，Collins et al.（2006）认为，通常包括共同学习、合作、集体行动、咨询等，崔瑜和焦豪（2009）则认为，主要包括经验、教育系统和社会网络。

综合上述文献，本书将学习能力定义为创业者采纳不同学习模式的方法与技巧。创业者的学习过程是其感知、获取和使用资源的动态认知和行为过程，其学习模式包括干中学、用中学和交互中学（范铁琳等，2021），学习方式包括经验学习、认知学习和实践学习（Greeno et al.，1996）。淘宝村的电商创业者主要通过"双网"学习采纳不同的学习模式，这种"双网"特征由基于互联网的线上学习和基于农村熟人社会的线下学习两部分构成，具有先天的低成本优势，推动了淘宝村新模式和新产品的模仿复制，使得先行者的商业模式和技术经验得到了裂变式传播，形成了淘宝村产业演化的复制机制（刘亚军和储新民，2017）。文献表明，发展中国家的包容性创新需要在多个社会行动者之间进行系统性互动，其中，交互中学是创新产生和持续的必要条件（Martínez et al.，2018），淘宝村网商通过与顾客、供应商、高校及科研院所的交流合作（模式Ⅱ自发培育型），或是与电子商务服务商的紧密联系和高频互动（模式Ⅳ政府驱动型），抓住了市场、政策及综合机会，实现了经济和社会福利的增长（范轶琳等，2021）。由于包容性创业在生产、消费和交易行为等方面的特殊性，淘宝村的电商创业者通过不同类型的学习活动和多种形式的创新充分利用内外部资源以实现价值共创（邓华和李光金，2017）。研究表明，以个体学习能力为代表的网商能力是淘宝村网商群体持续成长演化的重要系统动力学因素，决定了网商群体由小到大、由弱变强的转型升级过程（张庆民等，2019），网商群体通过不断提升学习能力，进行技术和商业模式创新以构筑竞争优势，最终实现包容性增长（刘亚军，2017）。由此，本章提出：

假设3：学习能力正向作用于福利增长。

假设4：学习能力正向作用于机会创造。

三、淘宝村包容性创新模式的调节作用

如果 Y 与 X 的关系受第三个变量 M 的影响，即变量 Y 与变量 X 的关系是变量 M 的函数，则称 M 为调节变量（James and Brett，1984）（见图6.1）。

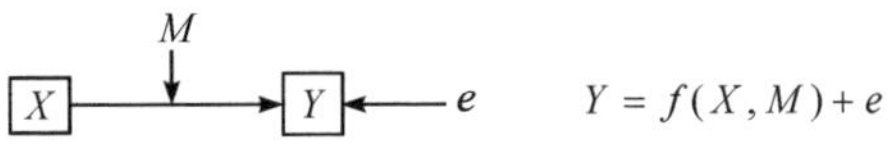

图6.1 调节变量示意

资料来源：温忠麟等（2005）。

（一）淘宝村包容性创新模式对企业家精神和包容性创新的调节作用

资源是企业构筑竞争优势的基础，在很大程度上影响并决定了企业的生存与发展（Pfeffer and Salancik，1978）。对创业企业而言，资源禀赋是诱发创业者创建企业及持续影响其成长的印记因素（梁强等，2017）。良好的产业基础（包括专业化生产、产品特色、产业规模、区域知名度四个要素）能够通过降低物质、风险和学习成本为网商的草根式创业提供有力支持（曾亿武和郭红东，2016a），是淘宝村发展的重要影响因素（千庆兰等，2017；张英男等，2019）。在没有产业基础的情况下，虽然也可能“从无到有”发展出淘

宝村（范轶琳等，2018），但这种模式下的颠覆式创新往往是随机事件，具有偶然性和不确定性。周应恒和刘常瑜（2018）的研究表明，以沙集镇（模式Ⅱ）和颜集镇（模式Ⅰ）为代表的两类淘宝村具有差异化的形成机制，后者依托得天独厚的产业资源禀赋，为网商提供了丰富的创业资源，快速推动了当地商户的创业集聚，打造了农业复合型发展典范。可见，与缺乏资源禀赋的地区相比，拥有良好产业基础地区的网商企业家精神的收益更高，能获取更多的成长与发展机会，并实现更为显著的福利增长。

政府是淘宝村集聚的重要驱动因素之一（徐智邦等，2017；张英男等，2019），其通过创造创业条件、提高创业能力、激发创业动机、扶持创业活动影响农村电商包容性创业集群的形成过程与发展路径（梁强等，2016b）。在淘宝村发展的各个阶段，政府发挥了不同的作用（于海云等，2018；张宸和周耿，2019），其行为先后经历了"构建环境—有限作为—积极引导"的转变，有力地推动了淘宝村的包容性创新（李红玲等，2020）。通常，政府会在淘宝村的形成和发展过程中扮演三种角色，一是制度和政策制定者，二是公共产品和服务提供者，三是中间组织者（如与高校的对话合作）（曾亿武等，2015）。简而言之，淘宝村的创新发展需要政府在各个阶段适时地转变行为与角色，如果村落的发展始终高度依赖政府的政策扶持，缺乏自我组织与发展能力，那么其并非真正意义上的淘宝村。真正的淘宝村需具备自我"造血"功能（范轶琳等，2018），拥有多元化且交互的系统要素、功能互补的市场参与主体和完整的电商生态系统，从而形成实体和网络空间上并存的产业集聚效应（曾亿武等，2015）。可见，与初期发展高度依赖政府的地区相比，自发驱动形成的淘宝村网商自主创业的积极性与能动性更强，能够更快地形成农村电商创新集聚，从而实现更高的包容性创新绩效。由此，本章提出：

假设5：与模式Ⅱ相比，模式Ⅰ类型下企业家精神对福利增长有更强的正向作用。

假设6：与模式Ⅳ相比，模式Ⅰ类型下企业家精神对福利增长有更强的正向作用。

假设7：与模式Ⅱ相比，模式Ⅰ类型下企业家精神对机会创造有更强的正向作用。

假设8:与模式Ⅳ相比,模式Ⅰ类型下企业家精神对机会创造有更强的正向作用。

(二)淘宝村包容性创新模式对学习能力和包容性创新的调节作用

淘宝村作为中国独有的农村电子商务集聚形态(范轶琳等,2018),其内部并非同质化的单一模式,因资源禀赋等的差异会呈现不同的发展逻辑(潘劲平和王艺璇,2020)。在拥有产业基础的地区,资源禀赋往往以产业集群的形态出现,集群这一组织形态所具备的外部经济性、相互依存和信任、知识嵌入性等三大特性相互作用,催生了集群内部的共享性资源,如集体学习的网络和当地机构的支持等(范轶琳,2016)。集体学习的网络指产业集群中的企业和机构基于共享的社会文化氛围和制度环境,在解决共同面对的问题时协调行动并产生知识积累的社会化网络(耿帅,2005)。集体学习是产业集群背景下组织间互动所带来的知识传递、积累及新知识的产生过程(Capello,1999),其"俱乐部产品"(club goods)特性为集群内的中小企业创造了知识获取和利用的机会,有助于中小企业降低沟通与学习成本(Dyer and Singh,1998;Lane and Lubatkin,1998),扩大知识基础,弥补技术积累不足、市场渠道落后、内部管理薄弱的缺陷,更为主动地参与市场竞争并从中获益(范轶琳,2016)。当地机构的支持是指本地区域导向的各类组织和机构向该区域内的企业提供大量准公共性的支持与服务活动(Molina-Morales and Martínez-Fernández,2003)。当地机构通常包括政府、行业协会、贸易联合促进会、职业培训中心、技术协助中心、大学及科研院所等(耿帅,2005),其作为知识储存库,发挥了网络中介的作用,有力地降低了集群内中小企业的搜索成本(Molina-Morales and Martínez-Fernández,2011),为中小企业提供了技术和信息支持(严飞,2006),有助于中小企业在降低学习壁垒的基础上实现包容性增长(范轶琳,2016)。淘宝村的发展实践佐证了上述观点,沙集镇(模式Ⅱ)和颜集镇(模式Ⅰ)这两类农村电商创业集聚具有截然不同的形成机制与发展动能,后者凭借花木特色产业,通过"互联网+农业"推动了花木产业的创新发展(周应恒和刘常瑜,2018),网商依托当地花木集群内的共享性资源，通过学习能力不断优化知识结构，加速知识创造与扩散，为淘宝村的发展提供了持续的创新动能。可见，与缺乏资源禀赋的地区相比，拥有良好产业基础的淘宝村网商学习效能更高，成长与转型更快，能够获得更高的包容性创新绩效。

动机是指导、激励和维持行动的心理过程（Mitchell and Daniels, 2003）。创业动机是促使具有创业能力和条件的个体产生创业行为的驱动力（Olson and Bosserman, 1984）。根据不同的理论视角，创业动机可分为内在动机和外在动机（Deci and Ryan, 1985）、亲自我动机和亲社会动机（McMullen and Bergman, 2017）、利己动机和利他动机（Porter and Kramer, 2006）等类型。个人目标、外在环境、商业意愿等因素会影响创业动机（王皓白, 2010）。研究表明，创业者的内在控制源和外在环境共同决定了创业行为本身的特质与过程（Mitchell et al., 2002；苗青, 2005），即个人层面（动机、技能和创业者的认知过程）、人际层面（创业者之间或创业者与他人之间）、社会层面（政府、经济和市场情况）等多维度变量均会影响创业过程（Baron and Ward, 2004）。淘宝村发展实践表明，不同包容性创新模式下的网商创业动机不同，且创业动机的强度存在显著差异，模式Ⅰ自发驱动型淘宝村的网商通常在个体、人际和社会三大层面变量的交互影响下主动地产生创业动机，而模式Ⅳ政府驱动型淘宝村的网商初期往往仅在社会层面变量（政府强力驱动）的单一影响下被动地产生创业动机。研究表明，动机是学习的重要影响因素（Clayton et al., 2010）。创业动机会对个体的创业学习产生显著的影响（罗明忠和陈明, 2014），其强度会影响创业学习的方式与持久性（王晓莉, 2010），使得淘宝村网商创业学习的积极性和持久性呈现显著差异，继而影响创新绩效与竞争优势。可见，与初期发展高度依赖政府的地区相比，市场自发驱动形成的淘宝村网商学习动机更强，学习绩效更高，能够更好地把握机会并获取收益。由此，本章提出：

假设9：与模式Ⅱ相比，模式Ⅰ类型下学习能力对福利增长有更强的正向作用。

假设10：与模式Ⅳ相比，模式Ⅰ类型下学习能力对福利增长有更强的正向作用。

假设11：与模式Ⅱ相比，模式Ⅰ类型下学习能力对机会创造有更强的正向作用。

假设12：与模式Ⅳ相比，模式Ⅰ类型下学习能力对机会创造有更强的正向作用。

四、小　结

本节在前述案例研究基础上，结合现有文献深入剖析了淘宝村包容性创新模式的绩效问题。通过推导论证提出假设，如表6.1所示，与假设相对应的概念模型如图6.2所示。

表6.1　研究问题和研究假设

研究问题	研究假设
企业家精神如何影响淘宝村包容性创新？	假设1：企业家精神正向作用于福利增长； 假设2：企业家精神正向作用于机会创造
学习能力如何影响淘宝村包容性创新？	假设3：学习能力正向作用于福利增长； 假设4：学习能力正向作用于机会创造
淘宝村包容性创新模式如何调节企业家精神与包容性创新之间的关系？	假设5：与模式Ⅱ相比，模式Ⅰ类型下企业家精神对福利增长有更强的正向作用； 假设6：与模式Ⅳ相比，模式Ⅰ类型下企业家精神对福利增长有更强的正向作用； 假设7：与模式Ⅱ相比，模式Ⅰ类型下企业家精神对机会创造有更强的正向作用； 假设8：与模式Ⅳ相比，模式Ⅰ类型下企业家精神对机会创造有更强的正向作用
淘宝村包容性创新模式如何调节学习能力与包容性创新之间的关系？	假设9：与模式Ⅱ相比，模式Ⅰ类型下学习能力对福利增长有更强的正向作用； 假设10：与模式Ⅳ相比，模式Ⅰ类型下学习能力对福利增长有更强的正向作用； 假设11：与模式Ⅱ相比，模式Ⅰ类型下学习能力对机会创造有更强的正向作用； 假设12：与模式Ⅳ相比，模式Ⅰ类型下学习能力对机会创造有更强的正向作用

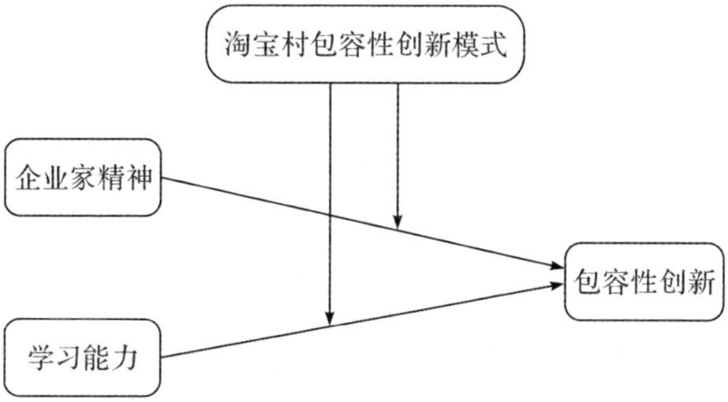

图 6.2　概念模型

第二节　研究方法论

本章为个体层面的研究，企业家精神、学习能力、包容性创新等数据无法从公开资料中获取，因此拟采用问卷调查的方式收集数据。本章结合既有研究量表、淘宝村案例访谈材料和专家意见进行调查问卷的设计，经由问卷发放、数据收集、数据录入、数据分析等步骤展开实证研究。本节将从问卷设计、数据收集、变量测度、分析方法等方面对研究方法进行阐述。

一、问卷设计

合理的问卷设计是保证信度和效度的前提。根据 Churchill（1979）、Hinkin（1995）、Dunn et al.（1994）关于量表设计和开发的建议，本书采取如下步骤设计和开发量表：

第一，通过文献回顾形成初始问卷题项。对企业家精神、学习能力和包容性创新理论进行系统阅读与梳理，借鉴已有的理论构思，结合前述探索性案例研究的调研访谈，对问卷题项进行设计，形成问卷初稿。

第二，通过学界访谈对初始问卷题项进行修改。与包括笔者所在研究团队在内的 2 位教授、3 位副教授和多位博士等同领域专家学者进行交流，对初始题项进行修改，形成问卷二稿。

第三，通过业界访谈对问卷题项进行修改。与不同地区的多位淘宝村网商进行访谈，询问题项是否能够反映现实，可否删减，有无遗漏，并根据反馈建议对问卷措辞进行修改，去除专业术语使其更易于被网商理解，形成问卷三稿。

第四，通过预测试对问卷题项进行纯化。发放问卷进行预测试，问卷采用李克特五级量表，随机抽取一部分回收的问卷进行探索性因子分析和信度分析，在此基础上对题项进行进一步的修改完善。

第五，确定问卷终稿。对随机抽取后剩余部分的问卷进行验证性因子分析和信度分析，以此确定问卷终稿。

此外，为防止问卷应答者因为主观评价而影响问卷测度的客观性与准确性，并最终导致数据结果出现偏差，本书在借鉴 Fowler（2009）研究的基础上采取如下措施，以尽可能地降低负面影响：

第一，为了减少因问卷应答者不了解相关信息而带来的负面影响，本书选择淘宝村网店所有者（或主要经营者）来填答问卷，如应答者仍有不清楚的问题，请其咨询相关人员后再作答。

第二，为了减少因问卷应答者明知答案却不愿作答所带来的负面影响，本书对问卷做了匿名设计，并在卷首清楚表明问卷仅供学术研究，内容不涉及任何商业机密，所获信息绝不外泄，亦不用于任何商业目的。

第三，为了减少因问卷应答者不能理解问卷题项所带来的负面影响，本书在设计问卷的过程中广泛听取学界及业界的专家意见，对问卷的措辞和表述进行反复修改，以尽可能地避免题项难以理解或表意含糊不清的情况发生。

二、数据收集

数据的真实有效性是保证研究结果准确性的重要基础。为了获取高质量的问卷数据，本书在问卷发放时对发放区域、发放渠道和发放对象进行了严格控制，以尽可能地排除外部因素的影响。

在区域选择上，本书在问卷数据可得性和样本多样性之间进行了权衡，将样本限定为淘宝村数量排名前 50% 省份内的网商，同时兼顾了不同类型包容性创新模式样本数量的均衡性。

在渠道选择上，本书于 2020 年 7 月至 2021 年 10 月期间，借助问卷星软件,通过笔者实地调研走访、委托淘宝村生源地学生、委托地方政府[①]等多种方式发放和回收问卷。

在对象选择上,本书选取淘宝村内的网店所有者(或主要经营者)来填答问卷。

本次问卷总计发放1082份,回收有效问卷842份,具体情况如表6.2所示。其中,笔者实地调研走访发放问卷216份,回收有效问卷216份,有效率100%;委托淘宝村生源地学生发放问卷325份,回收有效问卷260份,有效率80%;委托地方政府发放问卷541份,回收有效问卷366份,有效率68%。总体而言,本次问卷有效率较高,达到78%,因此可以忽略本次问卷回收的未答复偏差(nonresponse bias)。

表6.2 问卷发放与回收情况

问卷发放与回收方式	发放数量	回收数量	回收率/%	有效数量	有效率/%
笔者实地调研走访	216	216	100	216	100
委托淘宝村生源地学生	325	298	92	260	80
委托地方政府	541	460	85	366	68
总计	1082	974	90	842	78

注:回收率=回收数量/发放数量,有效率=有效数量/发放数量。

从回收的842份有效问卷看,本书调研的淘宝村网商梯次分布于东、中、西部地区,所属淘宝村分属3种包容性创新模式。样本基本特征详见表6.3。

表6.3 样本基本特征情况

指标	类别	数量	百分比/%	累计百分比/%
网商年龄	30岁及以下	202	24.0	24.0
	30~50岁(含)	582	69.1	93.1
	50岁以上	58	6.9	100
网商性别	男	526	62.5	62.5
	女	316	37.5	100
网商受教育程度	初中及以下	158	18.8	18.8
	高中或中专	274	32.5	51.3
	大专或本科	402	47.7	99.0
	研究生	8	1.0	100

①感谢浙江省委研究室副主任马斌、义乌市委办公室主任陈峻峰,以及相关政府工作人员在问卷发放过程中提供的帮助。

续表

指标	类别	数量	百分比/%	累计百分比/%
网商创业经历	有	442	52.5	52.5
	无	400	47.5	100
淘宝村所属地区	东部	614	72.9	72.9
	中部	216	25.7	98.6
	西部	12	1.4	100
淘宝村包容性创新模式	模式Ⅰ	380	45.1	45.1
	模式Ⅱ	240	28.5	73.6
	模式Ⅳ	222	26.4	100

三、变量测度

本书涉及的变量包括自变量企业家精神和学习能力,因变量淘宝村包容性创新,调节变量淘宝村包容性创新模式,控制变量为网商的创业经历和受教育程度。本书采用李克特五级量表对自变量和因变量进行测度。

(一)自变量:企业家精神和学习能力

第一,企业家精神。企业家精神是指在一定的社会人文环境和经济制度规范下形成的,体现创业者的创新性、冒险精神、成就愿望和机会敏感性的综合性品质与意志(Kirzner, 1973),包含创新性、主动性和冒险性三大维度(Covin and Slevin, 1991)。本书在结合实地调研、专家意见和相关理论的基础上,使用9个题项测度企业家精神,具体如表6.4所示。

表6.4 变量测度:企业家精神

序号	题项	依据
1	您总是有源源不绝的创意	Covin and Slevin(1991)
2	您喜欢用创新的方法解决问题	
3	您强调产品设计的创新程度	
4	面对竞争者您能主动采取攻击行动而非被动回应	
5	您能主动制订可以改变市场行情的策略	
6	您能主动应对面临的外部挑战	
7	您愿意为较高的收益承担较高的风险	
8	您对未来的不确定性有高度的承受力	
9	您能接受亏损和产品囤积等状况	

第二,学习能力。学习能力是指创业者采纳不同学习模式的方法与技巧。本书在结合实地调研、专家意见和相关理论的基础上,使用 5 个题项测度学习能力,具体如表 6.5 所示。

表 6.5　变量测度:学习能力

序号	题项	依据
1	您能主动地学习	
2	您能通过多种途径进行学习	
3	您能将所学的知识应用于实践	Man(2001)
4	您能深入学习本行业的专业知识	
5	您能不断更新本行业的专业知识	

(二)因变量:淘宝村包容性创新

淘宝村包容性创新是指通过电子商务开发与实施新思想,为淘宝村网商个体创造机会平等地参与市场竞争,并提升其经济和社会福利,包含福利增长和机会创造两大维度。鉴于现有研究尚未开发该变量的测度量表,本书在结合实地调研、专家意见和相关理论的基础上,使用 6 个题项测度淘宝村包容性创新,具体如表 6.6 所示。

表 6.6　变量测度:淘宝村包容性创新

题项	依据	
1	与经营网店之前相比,您现在的收入水平有了明显增长	
2	与经营网店之前相比,您现在的社会地位有了明显提升	
3	与经营网店之前相比,您现在的住房条件有了明显改善	范轶琳等(2018)
4	与经营网店之前相比,您现在有更多的机会获取所需资源	
5	与经营网店之前相比,您现在有更多的发展机会	
6	与经营网店之前相比,您现在有更多的机会享受政策红利	

(三)调节变量:淘宝村包容性创新模式

淘宝村现存模式Ⅰ自发驱动、模式Ⅱ自发培育、模式Ⅳ政府驱动 3 种包容性创新类型。本书在实地调研和文献研究的基础上,由研究团队判定样本所在淘宝村的包容性创新模式类型,如研究团队内部意见存在分歧,咨询外部学界及业界专家,直至形成最终结论。调节变量淘宝村包容性创新模式在进入回归方程时做虚拟变量处理。

(四)控制变量：创业经历、受教育程度

除自变量企业家精神和学习能力外，还有一些外部变量可能会影响淘宝村包容性创新。为了确保研究结果的可靠性，需要控制这些因素，分别是网商的创业经历和受教育程度。

创业经历可能是影响淘宝村包容性创新的重要因素，拥有创业经历的网商凭借累积的创业知识体系，能够更有效地解决各类创业问题，从而得以把握机会实现更高的包容性创新绩效。受教育程度也可能是影响包容性创新的重要因素，网商的受教育程度越高，其拥有的资源和机会就越多，从而得以提升福利实现更高的包容性创新绩效。本书中，创业经历和受教育程度均为分类变量。

四、数据分析

本书使用的分析方法主要包括信度分析、效度分析和层次回归分析。所使用的统计分析软件为STATA 17.0，用于内部一致性信度分析、探索性因子分析、验证性因子分析和层次回归分析。

(一)信度分析

信度是指测量结果的稳定性或一致性。信度越高，表明排除随机误差的能力越高。常见的信度指标有稳定性信度、内部一致性信度和评价者信度3种(马庆国，2008)。实证研究中最常检验的是内部一致性信度，即利用多个题项测量单一维度变量时题项测量结果之间的一致性情况。本书选用Cronbach's α 系数测量内部一致性信度。Cronbach's α 系数取值范围为0～1，取值越大，内部一致性信度越高。一般而言，$\alpha \geq 0.9$ 表示量表的信度很高；$0.8 \leq \alpha < 0.9$ 表示量表的信度较高；$0.7 \leq \alpha < 0.8$ 表示量表的信度仍然可以接受；$\alpha < 0.7$ 表示量表的信度很低，需重新设计(Nunnally, 1978)。另外，通常保留在变量测度体系中的所有题项的校正题项—总体相关系数(corrected item-total correlation, CITC)需大于0.35(李怀祖，2004)，如果某题项的

CITC 小于 0.2,建议删除该题项。

(二)效度分析

效度是指测量的结果接近所要测量变量真实内涵的程度。效度越高,表明排除系统误差的能力越强。效度主要包括表面效度、内容效度、准则效度、构念效度 4 种(马庆国,2008),实证研究往往重点关注内容效度和构念效度。内容效度反映的是测量一个复合变量的所有子问题是否覆盖了被测量概念所有方面的内容。构念效度包括聚合效度和区分效度,前者指不同的观测变量是否可用于测量同一潜变量,后者指不同潜变量之间是否存在显著差异。本书运用探索性因子分析和验证性因子分析检验构念效度。

探索性因子分析主要检验测量指标是否与预设的因子结构相吻合。本书采用主成分分析法按特征根大于 1 抽取因子,因子旋转采用方差最大正交旋转,最大收敛迭代次数为 25。通常,探索性因子分析中各题项因子载荷的最低可接受值为 0.5(马庆国,2008)。

验证性因子分析主要采用测量模型检验构念效度。本书在运用 STATA 软件进行验证性因子分析时,使用 χ^2/df、RMSEA、SRMR、CFI、TLI 等常用拟合指数判断模型拟合效果的好坏(侯杰泰等,2004),具体判别标准如下:

第一,χ^2/df(调整自由度之后的卡方指数),是一种基于拟合函数的绝对拟合指数。一般而言,当 $2 < \chi^2/df < 5$ 时,模型可以接受,当 $\chi^2/df \leqslant 2$ 时,模型拟合非常好。

第二,近似误差均方根(root mean square error of approximation,RMSEA),是不易受样本容量影响的、较为理想的绝对拟合指数。当 RMSEA < 0.1 时,模型拟合较好,当 RMSEA < 0.05 时,模型拟合非常好,当 RMSEA < 0.01 时,模型拟合非常出色。

第三,标准化均方根残差(standardized root mean square residual,SRMR),是对因子指定协方差不正确的模型最敏感的绝对拟合指数之一。一般认为,当 SRMR < 0.08 时,模型拟合较好。

第四,比较拟合指数(comparative fit index,CFI),是不受样本容量影响的相对拟合指数。CFI 取值范围介于 0 ~ 1,CFI ≥ 0.9 表明模型可以接受,

CFI 越接近 1 表明模型拟合效果越好。

第五,塔克·刘易斯指数(tucker-lewis index,TLI),是一种相对拟合指数。一般认为,TLI≥0.9 表明模型可以接受,TLI 越接近 1 表明模型拟合效果越好。

(三)层次回归分析

层次回归分析是检验调节效应最有效的方法之一。层次回归分析使得研究者能够基于变量的因果关系设定变量进入回归模型的顺序(Cohen et al., 2003),从而直观地反映新进入变量解释因变量的贡献程度。针对多个题项测度的变量,本书取题项的平均值作为变量值。

调节效应检验需对自变量和调节变量进行中心化处理以解决交互项的多重共线性问题(温忠麟等, 2005)。本书的处理程序如下:首先,对自变量进行中心化处理,调节变量为虚拟变量,故无需中心化处理;其次,将自变量的中心化值和调节变量(虚拟变量)相乘得到交互项;最后,基于中心化值做层次回归分析,得到回归系数和$\triangle R^2$,如果交互项的回归系数或者$\triangle R^2$显著,则表明调节效应显著。需要指出的是,尽管本书层次回归分析中的自变量经过中心化处理,但因变量和控制变量(虚拟变量)均使用原始值。

第三节 共同方法偏差检验

共同方法偏差(common method bias)是一种系统性误差,指因同样的数据来源或评分者、同样的测量环境、项目语境以及项目本身特征所造成的预测变量与效标变量之间人为的共变(周浩和龙立荣, 2004)。为避免此类人为的共变对研究结果产生严重的混淆并对结论产生潜在的误导,有必要进行事前控制(程序控制)和事后控制(统计控制),前者指研究者在问卷设计和测量过程中采取控制措施,后者指收集完数据之后用统计方法查看是否存在一个除变量之外的因素对所有题项产生影响(Harris and Mossholder, 1996)。

本书通过在问卷设计中加入适量反向题并打乱题项排列顺序进行程序控制。与此同时，运用 Harman 单因素检验（龙立荣等，2002）进行统计控制，具体而言，采用验证性因子分析，将所有的量表测量题项放在一个因子中进行分析，拟合结果显示，χ^2/df 为 12.196（χ^2 为 2073.320，自由度 df 为 170），大于 5；RMSEA 为 0.163，大于 0.1；SRMR 为 0.088，大于 0.08；CFI 和 TLI 分别为 0.695 和 0.659，均小于 0.9。模型拟合效果不佳，说明不存在共同方法偏差问题。

第四节　探索性因子分析和信度分析

本书先利用探索性因子分析产生关于变量内部结构的理论，再基于此进行验证性因子分析，由此需要对不同的样本集进行分析。对于同一批次回收的问卷数据，合理的做法是先用部分数据做探索性因子分析，再用剩下的数据对析取的因子做验证性因子分析。

学界对探索性因子分析所需的最低样本容量尚未达成一致意见，一般认为，样本量需为变量数的 5 ~ 10 倍，或者样本量达到变量题项数的 5 ~ 10 倍即可。本书探索性因子分析需要处理的最多变量数为 3，变量的最多题项数为 5，50 份样本即可满足要求。鉴于样本量充足，本书从 842 份有效问卷中随机折半抽取了 421 份进行探索性因子分析。

一、企业家精神

探索性因子分析的前提是样本数据的 KMO 大于 0.7，且 Bartlett 统计值显著异于 0（马庆国，2008）。企业家精神的 KMO 样本测度和 Bartlett 球形检验结果均符合要求。本书使用随机抽取的 421 份样本对企业家精神的 9 个题项进行探索性因子分析，在确保累计贡献率的前提下指定提取 3 个因子，如表 6.7 所示。原量表中主动性的 3 个测度题项“面对竞争者您能主动采取攻击行动而非被动回应”“您能主动制定可以改变市场行情的策略”

"您能主动应对面临的外部挑战"在3个因子上的载荷均未超过0.5，因此将主动性从量表中整体剔除。

表6.7　企业家精神的探索性因子分析结果（$N=421$）

因子名称	题项	因子载荷		
		1	2	3
创新性	创新性1	0.603	0.305	0.108
	创新性2	0.745	0.260	0.230
	创新性3	0.713	0.188	0.210
主动性	主动性1	0.394	0.292	0.374
	主动性2	0.472	0.343	0.482
	主动性3	0.483	0.420	0.496
冒险性	冒险性1	0.263	0.673	0.197
	冒险性2	0.306	0.658	0.318
	冒险性3	0.191	0.676	0.101

注：KMO为0.887，Bartlett统计值显著异于0（$p<0.001$）。

对剔除主动性后的企业家精神再次进行探索性因子分析，结果如表6.8所示，各题项均按照预期分布于2个因子，且因子载荷在2个因子间均具有较好的区分度。由此可见，修正后的企业家精神量表效度良好。

表6.8　修正后的企业家精神的探索性因子分析结果（$N=421$）

因子名称	题项	因子载荷	
		1	2
创新性	创新性1	0.610	0.308
	创新性2	0.759	0.285
	创新性3	0.727	0.212
冒险性	冒险性1	0.288	0.693
	冒险性2	0.355	0.663
	冒险性3	0.200	0.683

注：KMO为0.811，Bartlett统计值显著异于0（$p<0.001$）。

随后，对各因子进行内部一致性信度分析，以检验已通过探索性因子分析的各题项之间的内部一致性（表6.9）。结果显示，所有的题项—总体相关系数均大于0.35，同时各变量的Cronbach's α系数均大于0.7。由此可见，企业家精神各因子的题项之间具有较好的内部一致性。

表 6.9　企业家精神各因子的内部一致性信度分析结果($N=421$)

因子名称	题项	描述性统计分析		题项—总体相关系数	Cronbach's α 系数
		均值	标准差		
创新性	创新性 1	3.630	0.895	0.604	0.812
	创新性 2	3.919	0.821	0.718	
	创新性 3	3.950	0.778	0.673	
冒险性	冒险性 1	3.537	0.952	0.670	0.798
	冒险性 2	3.672	0.735	0.650	
	冒险性 3	3.409	0.961	0.637	

综上所述,本书所确立的企业家精神量表具有较好的内部一致性信度和构念效度。

二、学习能力

经检验,学习能力的 KMO 大于 0.7,且 Bartlett 球形统计值显著异于 0,符合因子分析的前提条件。本书使用随机抽取的 421 份样本对 5 个学习能力相关题项进行探索性因子分析,在确保累计贡献率的前提下指定提取 1 个因子,如表 6.10 所示。根据因子载荷的分布判断,所有题项均如预期归入同一因子,通过了探索性因子分析的效度检验。

表 6.10　学习能力的探索性因子分析结果($N=421$)

因子名称	题项	因子载荷
		1
学习能力	学习能力 1	0.777
	学习能力 2	0.838
	学习能力 3	0.872
	学习能力 4	0.840
	学习能力 5	0.806

注:KMO 为 0.875,Bartlett 统计值显著异于 0($p<0.001$)。

随后,本书对学习能力单因子进行内部一致性信度分析,以检验已通过探索性因子分析的各题项之间的内部一致性(见表 6.11)。结果显示,所有的题项—总体相关系数均大于 0.35,同时 Cronbach's α 系数大于 0.7。由此可见,学习能力单因子的题项之间具有较好的内部一致性。

表6.11 学习能力的内部一致性信度分析结果（$N=421$）

因子名称	题项	描述性统计分析		题项—总体相关系数	Cronbach's α 系数
		均值	标准差		
学习能力	学习能力1	4.105	0.720	0.741	0.918
	学习能力2	4.052	0.748	0.801	
	学习能力3	4.055	0.743	0.838	
	学习能力4	4.024	0.756	0.802	
	学习能力5	3.979	0.741	0.766	

综上所述，本书所确立的学习能力量表具有较好的内部一致性信度和构念效度。

三、淘宝村包容性创新

经检验，淘宝村包容性创新的 KMO 大于 0.7，且 Bartlett 球形统计值显著异于0，符合因子分析的前提条件。本书针对随机抽取的421份样本对6个淘宝村包容性创新相关题项进行探索性因子分析，在确保累计贡献率的前提下指定提取2个因子，如表6.12所示。原量表中福利增长的测度题项"与经营网店之前相比，您现在的社会地位有了明显提升"在2个因子上的载荷均超过0.5，因而将其从量表中剔除。

表6.12 淘宝村包容性创新的探索性因子分析结果（$N=421$）

因子名称	题项	因子载荷	
		1	2
福利增长	福利增长1	0.867	0.353
	福利增长2	0.567	0.586
	福利增长3	0.869	0.372
机会创造	机会创造1	0.449	0.739
	机会创造2	0.425	0.712
	机会创造3	0.457	0.658

注：KMO 为 0.864，Bartlett 统计值显著异于 0（$p<0.001$）。

对剔除题项后的淘宝村包容性创新再次进行探索性因子分析，结果如表6.13所示，各题项均按照预期分布于2个因子，且因子载荷在2个因子间均具有较好的区分度。由此可见，修正后的淘宝村包容性创新量表效度良好。

表 6.13　修正后的淘宝村包容性创新的探索性因子分析结果（$N = 421$）

因子名称	题项	因子载荷	
		1	2
福利增长	福利增长 1	0.868	0.352
	福利增长 3	0.867	0.370
机会创造	机会创造 1	0.452	0.738
	机会创造 2	0.428	0.717
	机会创造 3	0.459	0.633

注：KMO 为 0.812，Bartlett 统计值显著异于 0（$p < 0.001$）。

随后，本书对各因子进行内部一致性信度分析，以检验已通过探索性因子分析的各题项之间的内部一致性（见表 6.14）。结果显示，所有的题项—总体相关系数均大于 0.35，同时各变量的 Cronbach's α 系数均大于 0.7。由此可见，淘宝村包容性创新各因子的题项之间具有较好的内部一致性。

表 6.14　淘宝村包容性创新各因子的内部一致性信度分析结果（$N = 421$）

因子名称	题项	描述性统计分析		题项—总体相关系数	Cronbach's α 系数
		均值	标准差		
福利增长	福利增长 1	3.822	0.836	0.917	0.956
	福利增长 3	3.786	0.860	0.917	
机会创造	机会创造 1	3.919	0.783	0.804	0.877
	机会创造 2	3.960	0.744	0.774	
	机会创造 3	3.860	0.874	0.724	

综上所述，本书所确立的淘宝村包容性创新量表具有较好的内部一致性信度和构念效度。

第五节　验证性因子分析和信度分析

本书进一步对所构建的量表进行验证性因子分析，以确保所测变量的因子结构与先前的构思相符。验证性因子分析采用的样本为 842 份有效问卷中剔除 421 份探索性因子分析样本后所余下的 421 个样本，是与探索性因子分析相独立的样本集。

一、企业家精神

本书首先对企业家精神中 2 个因子的内部一致性信度进行分析,如表 6.15 所示。结果表明,各因子指标均满足前文所述的信度指标要求,通过了内部一致性信度检验,说明因子测度的一致性良好。

表 6.15 企业家精神的内部一致性信度分析结果($N=421$)

因子名称	题项	描述性统计分析		题项—总体相关系数	Cronbach's α 系数
		均值	标准差		
创新性	创新性 1	3.661	0.938	0.569	0.804
	创新性 2	3.982	0.820	0.759	
	创新性 3	3.964	0.819	0.643	
冒险性	冒险性 1	3.539	0.956	0.652	0.785
	冒险性 2	3.715	0.754	0.641	
	冒险性 3	3.443	0.955	0.604	

随后,对企业家精神 2 个变量进行验证性因子分析,测量模型拟合结果如表 6.16 所示。结果表明,χ^2/df 为 3.512(χ^2 为 28.094,自由度 df 为 8),小于 5;RMSEA 为 0.077,小于 0.1;SRMR 为0.031,小于 0.08;CFI 和 TLI 分别为 0.980 和 0.963,均大于 0.9。测量模型各路径系数均在 $p<0.001$ 的水平上具有统计显著性。由此可见,该模型拟合效果很好,通过了因子结构验证,即本书对创新性和冒险性两个变量的划分与测度是有效的。

表 6.16 企业家精神测量模型的拟合结果($N=421$)

路径	标准化路径系数	路径系数	C. R.	p
创新性1←创新性	0.685	1.000		
创新性2←创新性	0.865	1.159	13.993	***
创新性3←创新性	0.774	0.983	13.482	***
冒险性1←冒险性	0.786	1.000		
冒险性2←冒险性	0.787	0.773	14.366	***
冒险性3←冒险性	0.709	0.910	13.391	***

注:***表示 $p<0.001$,χ^2/df 为3.512,RMSEA 为0.077,SRMR 为0.031,CFI 为0.980,TLI 为0.963。

二、学习能力

本书首先对学习能力单因子的内部一致性信度进行分析,如表 6.17 所示。结果表明,单因子指标均满足前文所述的信度指标要求,通过了内部一致性信度检验,说明因子测度的一致性良好。

表 6.17　学习能力的内部一致性信度分析结果($N=421$)

因子名称	题项	描述性统计分析		题项一总体相关系数	Cronbach's α 系数
		均值	标准差		
学习能力	学习能力 1	4.131	0.698	0.772	0.927
	学习能力 2	4.095	0.760	0.816	
	学习能力 3	4.068	0.751	0.851	
	学习能力 4	4.041	0.777	0.820	
	学习能力 5	3.982	0.751	0.789	

随后,对学习能力单变量进行验证性因子分析,测量模型拟合结果如表 6.18所示。结果表明,χ^2/df 为 10.281(χ^2 为 51.406,自由度 df 为 5),大于 5;RMSEA 为 0.149,大于 0.1;SRMR 为 0.025,小于 0.08;CFI 和 TLI 分别为0.969 和 0.938,均大于 0.9。测量模型各路径系数均在 $p<0.001$ 的水平上具有统计显著性。虽然χ^2/df 和 RMSEA 不够理想,但综合其他各项拟合指标分析,该模型拟合效果仍可以接受,通过了因子结构验证,即本书对学习能力单变量的划分与测度是有效的。

表 6.18　学习能力测量模型的拟合结果($N=421$)

路径	标准化路径系数	路径系数	C. R.	p
学习能力1←学习能力	0.782	1.000		
学习能力2←学习能力	0.843	1.120	18.928	***
学习能力3←学习能力	0.885	1.168	20.101	***
学习能力4←学习能力	0.843	1.132	18.933	***
学习能力5←学习能力	0.810	1.067	17.993	***

注:***表示 $p<0.001$,χ^2/df 为10.281,RMSEA 为0.149,SRMR 为0.025,CFI 为0.969,TLI 为0.938。

三、淘宝村包容性创新

本书首先对淘宝村包容性创新中 2 个因子的内部一致性信度进行分析，如表 6.19 所示。结果表明，各因子指标均满足前文所述的信度指标要求，通过了内部一致性信度检验，说明因子测度的一致性良好。

表 6.19 淘宝村包容性创新各因子的内部一致性信度分析结果（$N=421$）

因子名称	题项	描述性统计分析		题项—总体相关系数	Cronbach's α 系数
		均值	标准差		
福利增长	福利增长 1	3.828	0.846	0.923	0.959
	福利增长 3	3.792	0.885	0.923	
机会创造	机会创造 1	3.968	0.777	0.797	0.863
	机会创造 2	3.982	0.745	0.754	
	机会创造 3	3.860	0.921	0.695	

随后，对淘宝村包容性创新 2 个变量进行验证性因子分析，测量模型拟合结果如表 6.20 所示。结果表明，χ^2/df 为 2.089（χ^2 为 8.355，自由度 df 为 4），小于 5；RMSEA 为 0.051，小于 0.1；SRMR 为 0.013，小于 0.08；CFI 和 TLI 分别为 0.998 和 0.994，均大于0.9。测量模型各路径系数均在 $p<0.001$ 的水平上具有统计显著性。由此可见，该模型拟合效果很好，通过了因子结构验证，即本书对福利增长、机会创造两个变量的划分与测度是有效的。

表 6.20 淘宝村包容性创新测量模型的拟合结果（$N=421$）

路径	标准化路径系数	路径系数	C. R.	p
福利增长1←福利增长	0.949	1.000		
福利增长3←福利增长	0.967	1.048	35.512	***
机会创造1←机会创造	0.893	1.000		
机会创造2←机会创造	0.852	0.908	22.443	***
机会创造3←机会创造	0.792	0.991	20.033	***

注：***表示 $p<0.001$，χ^2/df 为2.089，RMSEA 为0.051，SRMR 为0.013，CFI 为0.998，TLI 为0.994。

第六节　层次回归分析

在效度和内部一致性信度通过检验的前提下，本书采用层次回归分析探究淘宝村包容性创新模式的绩效问题。

一、相关分析

变量间存在相关关系是进行回归分析的前提，因此，本书在回归分析之前先对回归涉及的所有数值型变量进行简单相关分析，如表 6.21 所示。结果表明，解释变量创新性和冒险性均与被解释变量福利增长和机会创造有显著的正向相关性，这初步预验证了本书的部分假设，后文将采用层次回归分析对各变量之间的影响机制做更为精确的验证。调节变量淘宝村包容性创新模式和控制变量创业经历、受教育程度均为分类变量，故未将其纳入 Pearson 相关分析。

表 6.21　描述性统计分析及各变量间相关关系（$N=421$）

变量		均值	标准差	1 创新性	2 冒险性	3 学习能力	4 福利增长	5 机会创造
企业家精神	1创新性	3.833	0.710	1				
	2冒险性	3.539	0.750	0.517***	1			
学习能力	3学习能力	4.043	0.644	0.659***	0.516***	1		
淘宝村包容性创新	4福利增长	3.804	0.830	0.439***	0.487***	0.584***	1	
	5机会创造	3.913	0.719	0.506***	0.548***	0.613***	0.726***	1

注：*表示 $p<0.05$；**表示 $p<0.01$；***表示 $p<0.001$。

二、回归三大问题检验

为了保证多元线性回归做出正确的统计推断，需要检验回归模型是否存在多重共线性、异方差和序列相关问题。在不存在这些问题的前提下，回归模型的结果才具有稳定性和可靠性（马庆国，2008）。

第一，多重共线性问题检验。多重共线性是指解释变量之间存在严重的线性相关，即多个变量有共同的变化趋势，通常可用方差膨胀因子（variance inflation factor, VIF）指数来判断（马庆国，2008）。一般来说，当 $0 < VIF < 10$ 时，不存在多重共线性；当 $10 \leqslant VIF < 100$ 时，存在较强的多重共线性；当 $VIF \geqslant 100$ 时，存在严重的多重共线性。经检验，本书各回归模型的 VIF 指数均介于 1 到 4 之间，表明解释变量不存在多重共线性问题。

第二，序列相关问题检验。序列相关是指不同期的样本值之间存在相关关系，通常可用 Durbin-Watson（DW）值来判断（马庆国，2008）。一般认为，当 $1.5 \leqslant DW \leqslant 2.5$ 时，模型不存在序列相关。本书使用随机抽样的横截面数据，理论上不存在序列相关问题，且本书中各回归模型的 DW 值均非常接近于 2，因此不存在序列相关问题。

第三，异方差问题检验。异方差是指被解释变量的方差随解释变量的变化存在明显的变化趋势，通常用残差散点图来判断（马庆国，2008）。具体来说，以标准化预测值为横轴，标准化残差为纵轴，进行残差散点图分析，若散点没有明显的变化趋势，则可认为不存在异方差问题。经检验，本书中各模型的残差散点图均没有明显的变化趋势，因此可以判定本书各模型不存在异方差问题。

三、企业家精神的主效应

本书运用层次回归分析验证企业家精神（创新性、冒险性）对淘宝村包容性创新（福利增长、机会创造）的影响作用。

（一）企业家精神对福利增长的影响

模型 1 为基准模型，包括 2 个控制变量。模型 2 在模型 1 的基础上加入了创新性和冒险性这 2 个表征企业家精神的解释变量。表 6.22 的回归分析结果表明，模型 2 的 R^2 较模型 1 有显著的提高（$p < 0.001$），创新性和冒险性的回归系数均为正且具有统计显著性，这说明整体而言，企业家精神对福利增长有显著的正向影响，假设 1 通过验证。

表 6.22　企业家精神对福利增长的影响作用（$N=421$）

变量		模型1	模型2
常数项		3.387 ***	3.592 ***
网商受教育程度	高中或中专	0.354 **	0.209 *
	大专或本科	0.560 ***	0.282 **
	研究生	0.333	0.068
网商创业经历	有	0.059	0.017
企业家精神	创新性		0.300 ***
	冒险性		0.355 ***
R^2		0.062	0.300
$\triangle R^2$			0.238 ***

注：被解释变量为福利增长。*表示 $p<0.05$；**表示 $p<0.01$；***表示 $p<0.001$。

（二）企业家精神对机会创造的影响

模型 1 为基准模型，包括 2 个控制变量。模型 2 在模型 1 的基础上加入了创新性和冒险性这 2 个表征企业家精神的解释变量。表 6.23 的回归分析结果表明，模型 2 的 R^2 较模型 1 有显著的提高（$p<0.001$），创新性和冒险性的回归系数均为正且具有统计显著性，这说明整体而言，企业家精神对机会创造有显著的正向影响，假设 2 通过验证。

表 6.23　企业家精神对机会创造的影响作用（$N=421$）

变量		模型1	模型2
常数项		3.535 ***	3.737 ***
网商受教育程度	高中或中专	0.334 **	0.192 *
	大专或本科	0.507 ***	0.232 **
	研究生	0.527	0.260
网商创业经历	有	0.043	0.000
企业家精神	创新性		0.307 ***
	冒险性		0.345 ***
R^2		0.068	0.382
$\triangle R^2$			0.314 ***

注：被解释变量为机会创造。*表示 $p<0.05$；**表示 $p<0.01$；***表示 $p<0.001$。

四、学习能力的主效应

本书运用层次回归分析验证学习能力对淘宝村包容性创新（福利增长、机会创造）的影响作用。

（一）学习能力对福利增长的影响

模型 1 为基准模型，包括 2 个控制变量。模型 2 在模型 1 的基础上加入了学习能力解释变量。表6.24的回归分析结果表明,模型2的R^2较模型1有显著的提高($p<0.001$),学习能力解释变量的回归系数为正且具有统计显著性,这说明学习能力对福利增长有显著的正向影响,假设3通过验证。

表6.24 学习能力对福利增长的影响作用($N=421$)

变量		模型1	模型2
常数项		3.387***	3.667***
网商受教育程度	高中或中专	0.354**	0.153
	大专或本科	0.560***	0.210*
	研究生	0.333	-0.092
网商创业经历	有	0.059	-0.022
学习能力			0.723***
R^2		0.062	0.350
$\triangle R^2$			0.288***

注:被解释变量为福利增长。*表示$p<0.05$;**表示$p<0.01$;***表示$p<0.001$。

(二)学习能力对机会创造的影响

模型1为基准模型,包括2个控制变量。模型2在模型1的基础上加入了学习能力解释变量。表6.25的回归分析结果表明,模型2的R^2较模型1有显著的提高($p<0.001$),学习能力解释变量的回归系数为正且具有统计显著性,这说明学习能力对机会创造有显著的正向影响,假设4通过验证。

表6.25 学习能力对机会创造的影响作用($N=421$)

变量		模型1	模型2
常数项		3.535***	3.789***
网商受教育程度	高中或中专	0.334**	0.151†
	大专或本科	0.507***	0.188*
	研究生	0.527	0.141
网商创业经历	有	0.043	-0.030
学习能力			0.657***
R^2		0.068	0.386
$\triangle R^2$			0.318***

注:被解释变量为机会创造。†表示$p<0.1$;*表示$p<0.05$;**表示$p<0.01$;***表示$p<0.001$。

五、淘宝村包容性创新模式的调节效应

本书在验证了企业家精神和学习能力对淘宝村包容性创新影响作用的基础上,运用层次回归分析考察淘宝村包容性创新模式在这一过程中的调

节作用。在做调节效应分析时，先将自变量（企业家精神、学习能力）中心化，再将处理后的自变量和调节变量（虚拟变量无需中心化）两两相乘得到交互项，以供后续层次回归分析之用。

（一）淘宝村包容性创新模式对企业家精神和福利增长关系的调节

表6.26给出了淘宝村包容性创新模式对企业家精神和福利增长关系调节作用的分析结果。模型1为基准模型，包括2个控制变量、2个自变量和2个调节变量。模型2在模型1的基础上加入了表征模式Ⅱ调节作用的2个交互项。模型3在模型2的基础上加入了表征模式Ⅳ调节作用的2个交互项。表6.26的回归分析结果表明，模型2的R^2较模型1有显著的提高（$p<0.01$），且各交互项回归系数均为负，这说明整体而言，与模式Ⅱ相比，模式Ⅰ类型下企业家精神对福利增长有更强的正向作用，假设5通过验证；模型3的R^2较模型2无显著的提高（$p>0.1$），且交互项系数有正有负，这说明整体而言，与模式Ⅳ相比，模式Ⅰ类型下企业家精神对福利增长无更强的正向作用，假设6未通过验证。

表6.26　淘宝村包容性创新模式对企业家精神和福利增长关系的调节作用（$N=421$）

变量		模型1	模型2	模型3
常数项		3.724***	3.725***	3.694***
网商受教育程度	高中或中专	0.171†	0.165†	0.178†
	大专或本科	0.209*	0.178†	0.194†
	研究生	0.011	0.048	0.062
网商创业经历	有	-0.004	-0.013	-0.004
企业家精神	创新性	0.302***	0.407***	0.343***
	冒险性	0.327***	0.352***	0.431***
淘宝村包容性创新模式	模式Ⅱ	-0.014	-0.032	-0.017
	模式Ⅳ	-0.263**	-0.228*	-0.236*
交互项	创新性×模式Ⅱ		-0.330**	-0.266*
	冒险性×模式Ⅱ		-0.061	-0.142
	创新性×模式Ⅳ			0.183
	冒险性×模式Ⅳ			-0.231†
R^2		0.316	0.336	0.341
$\triangle R^2$			0.020**	0.005

注：被解释变量为福利增长。†表示$p<0.1$；*表示$p<0.05$；**表示$p<0.01$；***表示$p<0.001$。

(二)淘宝村包容性创新模式对企业家精神和机会创造关系的调节

表6.27给出了淘宝村包容性创新模式对企业家精神和机会创造关系调节作用的分析结果。模型1为基准模型，包括2个控制变量、2个自变量和2个调节变量。模型2在模型1的基础上加入了表征模式Ⅱ调节作用的2个交互项。模型3在模型2的基础上加入了表征模式Ⅳ调节作用的2个交互项。表6.27的回归分析结果表明，模型2的R^2较模型1有显著的提高($p<0.01$)，且各交互项回归系数均为负，这说明整体而言，与模式Ⅱ相比，模式Ⅰ类型下企业家精神对机会创造有更强的正向作用，假设7通过验证；模型3的R^2较模型2无显著的提高($p>0.1$)，且交互项系数有正有负，这说明整体而言，与模式Ⅳ相比，模式Ⅰ类型下企业家精神对机会创造无更强的正向作用，假设8未通过验证。

表6.27 淘宝村包容性创新模式对企业家精神和机会创造关系的调节作用($N=421$)

变量		模型1	模型2	模型3
常数项		3.781***	3.781***	3.751***
网商受教育程度	高中或中专	0.181*	0.176*	0.188*
	大专或本科	0.210*	0.184*	0.198*
	研究生	0.243	0.269	0.281
网商创业经历	有	-0.006	-0.015	-0.006
企业家精神	创新性	0.307***	0.394***	0.351***
	冒险性	0.336***	0.360***	0.431***
淘宝村包容性创新模式	模式Ⅱ	-0.020	-0.036	-0.021
	模式Ⅳ	-0.077	-0.045	-0.055
交互项	创新性×模式Ⅱ		-0.273**	-0.229*
	冒险性×模式Ⅱ		-0.067	-0.138
	创新性×模式Ⅳ			0.120
	冒险性×模式Ⅳ			-0.205†
R^2		0.383	0.403	0.408
$\triangle R^2$			0.020**	0.005

注：被解释变量为机会创造。† 表示$p<0.1$；*表示$p<0.05$；**表示$p<0.01$；***表示$p<0.001$。

(三)淘宝村包容性创新模式对学习能力和福利增长关系的调节

表6.28给出了淘宝村包容性创新模式对学习能力和福利增长关系调

节作用的分析结果。模型1为基准模型，包括2个控制变量、1个自变量和2个调节变量。模型2在模型1的基础上加入了表征模式Ⅱ和模式Ⅳ调节作用的交互项。表6.28的回归分析结果表明，模型2的R^2较模型1有显著的提高($p<0.1$)，其中表征模式Ⅱ调节作用的交互项系数显著，这说明与模式Ⅱ相比，模式Ⅰ类型下学习能力对福利增长有更强的正向作用，假设9通过验证；表征模式Ⅳ调节作用的交互项系数不显著，这说明与模式Ⅳ相比，模式Ⅰ类型下学习能力对福利增长无更强的正向作用，假设10未通过验证。

表6.28　淘宝村包容性创新模式对学习能力和福利增长关系的调节作用($N=421$)

变量		模型1	模型2
常数项		3.884***	3.856***
网商受教育程度	高中或中专	0.088	0.112
	大专或本科	0.092	0.099
	研究生	-0.173	-0.182
网商创业经历	有	-0.047	-0.050
学习能力		0.700***	0.813***
淘宝村包容性创新模式	模式Ⅱ	-0.099	-0.099
	模式Ⅳ	-0.369***	-0.352***
交互项	学习能力×模式Ⅱ		-0.271*
	学习能力×模式Ⅳ		-0.121
R^2		0.379	0.387
$\triangle R^2$			0.008†

注：被解释变量为福利增长。†表示$p<0.1$；*表示$p<0.05$；**表示$p<0.01$；***表示$p<0.001$。

(四)淘宝村包容性创新模式对学习能力和机会创造关系的调节

表6.29给出了淘宝村包容性创新模式对学习能力和机会创造关系调节作用的分析结果。模型1为基准模型，包括2个控制变量、1个自变量和2个调节变量。模型2在模型1的基础上加入了表征模式Ⅱ和模式Ⅳ调节作用的交互项。表6.29的回归分析结果表明，模型2的R^2较模型1有显著的提高($p<0.1$)，其中表征模式Ⅱ调节作用的交互项系数显著，这说明与模式Ⅱ相比，模式Ⅰ类型下学习能力对机会创造有更强的正向作用，假设11通过验证；表征模式Ⅳ调节作用的交互项系数显著，这说明与模式Ⅳ相比，模式Ⅰ类型下学习能力对机会创造有更强的正向作用，假设12通过验证。

表 6.29 淘宝村包容性创新模式对学习能力和机会创造关系的调节作用（$N = 421$）

变量		模型1	模型2
常数项		3.927***	3.900***
网商受教育程度	高中或中专	0.113	0.135
	大专或本科	0.121	0.128
	研究生	0.093	0.086
网商创业经历	有	−0.043	−0.043
学习能力		0.640***	0.747***
淘宝村包容性创新模式	模式Ⅱ	−0.122†	−0.116†
	模式Ⅳ	−0.198**	−0.192**
交互项	学习能力×模式Ⅱ		−0.203†
	学习能力×模式Ⅳ		−0.181†
R^2		0.398	0.404
$\triangle R^2$			0.006†

注：被解释变量为机会创造。† 表示 $p<0.1$；*表示 $p<0.05$；**表示 $p<0.01$；***表示 $p<0.001$。

第七节　讨　论

一、企业家精神的主效应

本书的实证研究结果表明，企业家精神正向影响福利增长。具体而言，创新性和冒险性对福利增长有显著的正向影响：

创新性正向影响福利增长。创新性作为企业家精神的核心，是淘宝村形成和发展的关键动能，是本地产业升级的主导因素。面对激烈的市场竞争，先行者率先推动产品、服务、流程、制度、供应链、商业模式等创新，后来者通过学习和模仿进一步将其扩散，形成了“螺旋式上升、波浪式前进”的产业发展态势，在较大程度上决定了淘宝村所能达到的高度，为长期经济增长提供了动力和源泉。

冒险性正向影响福利增长。冒险性通过乡土社会的人际关系网络影响创业者的产生，驱动了淘宝村主体商业模式的复制与扩散。无论是以返乡务工者和回乡创业大学生为主体的机会拉动型创业网商，还是以本乡本土农民为代表的贫穷推动型创业网商,在强烈致富动机的驱使和电商带头人的示范引领作用下,把握机遇勇担风险,成就了众多创业典范,促进了经济福利的持续增长。

本书的实证结果表明,企业家精神正向影响机会创造。具体而言,创新性和冒险性对机会创造有显著的正向影响:

创新性正向影响机会创造。创新性作为企业家精神的灵魂,贯穿于淘宝村网商经营活动的全过程,体现在开发新产品、开辟新市场、采用新模式等方面。成功的网商善于发现他人无法察觉的机会并协调利用不同的资源,常见的创新机会来源包括产业和市场结构、人口统计数据、认知变化、意外事件、不协调事件、成就需要、新知识等,网商通过持续的创新实践不断获取新的发展机遇。

冒险性正向影响机会创造。冒险性驱使淘宝村网商发现不确定性中蕴藏的机会与获利可能,通过资源整合把握和利用此类机会,从而在享受淘宝村发展各阶段市场与政策红利的基础上获取收益。在创业氛围浓厚的东部沿海地区,敢为人先的地域文化传统促使草根网商出于对抓住机会的强烈个人偏好,通过创业实践实现致富目标,获取广阔的发展机遇。

二、学习能力的主效应

本书的实证结果表明,学习能力正向影响福利增长:

学习能力对创业企业成长绩效有直接的正向影响,以个体学习能力为核心的网商能力是淘宝村创业群体持续成长演化的重要系统动力学因素,决定了创业群体由小到大、由弱变强的转型升级过程。淘宝村创业实践表明,网商通过互联网和农村熟人社会进行线上线下相结合的学习,这种“双网”学习具有先天的低成本优势,推动了新模式和新产品的快速模仿复制,使得先行者的商业模式和技术经验得到了裂变式传播,带动了产业规模的迅速扩张,形成了淘宝村产业演化的复制机制。作为个体创业者或小微企业领导者,淘宝村网商通过不断提升学习能力构筑创新与竞争优势,从而在提升经营绩效的基础上获取经济福利的增长,并对农村区域经济发展产生深远的影响。

本书的实证结果表明，学习能力正向影响机会创造：

学习能力是淘宝村网商成长的关键因素，决定了网商能否通过干中学、用中学、交互中学等学习模式不断积累并反思自身及他人的经验教训，提升认知和实践水平，从而敏锐地感知外部环境中蕴含的各类机会。由于包容性创业在生产、消费和交易行为等方面的特殊性，淘宝村的电商创业者通过不同类型的学习和创新充分利用内外部资源以实现价值共创。文献表明，发展中国家的包容性创新需要在多个社会行动者之间进行系统性互动，其中，交互中学是创新产生和持续的必要条件。淘宝村网商通过与顾客、供应商、高校及科研院所的交流合作（模式Ⅱ类型），或是与电子商务服务商的紧密联系和高频互动（模式Ⅳ类型），把握市场、政策及综合机会，实现自身持续发展。

三、 淘宝村包容性创新模式的调节效应

（一）淘宝村包容性创新模式对企业家精神和包容性创新关系的调节

本书的实证结果表明，与模式Ⅱ相比，模式Ⅰ类型下企业家精神对福利增长有更强的正向作用。具体而言，与模式Ⅱ相比，模式Ⅰ类型下创新性对福利增长有更强的正向作用。为了简明直观地反映这一关系，本书用图6.3给出了模式Ⅱ对创新性和福利增长关系的调节效应。从图6.3可以看出，模式Ⅰ类型下创新性对福利增长的正向影响，强于模式Ⅱ类型下创新性对福利增长的正向影响。

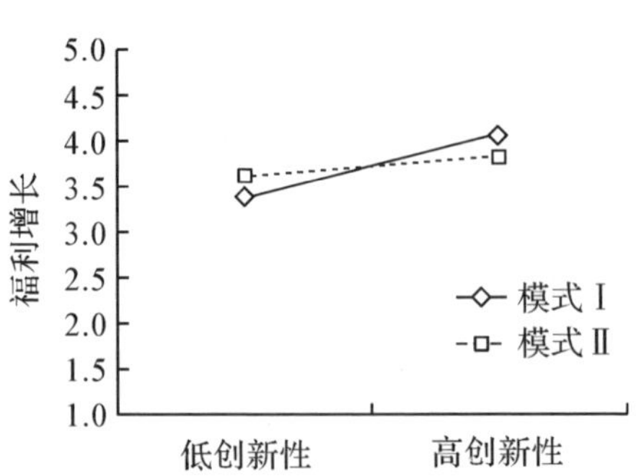

图6.3　模式Ⅱ对创新性和福利增长关系的调节作用

资源禀赋是诱发创业者创建企业及持续影响其成长的印记因素，良好的产业基础（包括专业化生产、产品特色、产业规模、区域知名度四个要素）能够通过降低物质、风险和学习成本为网商的草根式创业提供有力支持，是淘宝村发展的重要影响因素。作为要素禀赋理论在微观尺度上的具体表现，淘宝村的发展印证了产业基础的影响作用，沙集镇（模式Ⅱ）和颜集镇（模式Ⅰ）淘宝村呈现差异化的形成机制。以颜集镇为代表的淘宝村依托得天独厚的产业资源禀赋，为网商提供了丰富的创业资源，更快地推动了当地商户的创业集聚，打造了农业复合型发展典范，而以沙集镇为代表的淘宝村“从无到有”的发展过程则具有随机性与不确定性。因此，与缺乏资源禀赋的地区相比，拥有良好产业基础的淘宝村创新示范效应的扩散速率更快，网商能获取更高的创新收益与经济福利。

本书的实证结果表明，与模式Ⅱ相比，模式Ⅰ类型下企业家精神对机会创造有更强的正向作用。具体而言，与模式Ⅱ相比，模式Ⅰ类型下创新性对机会创造有更强的正向作用。为了简明直观地反映这一关系，本书用图6.4给出了模式Ⅱ对创新性和机会创造关系的调节效应。从图6.4可以看出，模式Ⅰ类型下创新性对机会创造的正向影响，强于模式Ⅱ类型下创新性对机会创造的正向影响。

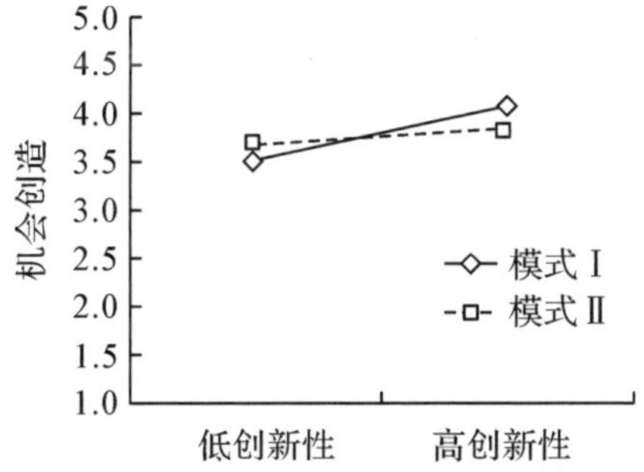

图6.4　模式Ⅱ对创新性和机会创造关系的调节作用

模式Ⅰ类型淘宝村在乡村特色产业的基础上由“互联网+”路径发展而来，既有的产业集群提供了诸如产业链配套体系、紧密的竞合互动氛围、共同声誉等共享性资源，降低了网商的生产成本、资本投入的风险、产品生产的复杂性以及生产所需要的技能,从而增加了网商的创业机会;同时,竞争激发了创新,促进了稀缺资源的最优分配,合作则是在面临资源稀缺性和网店成长的内在要求这一矛盾时的理想选择,通过合作网商得以挖掘互补性资源、能力和技能,从而破解资源瓶颈、分散经营风险、降低交易成本、获取协同效应,赢得了更大的创新发展空间;此外,共同声誉如区域品牌等作为市场对集群的综合感知,提升了产业的知名度,增加了网商的参与机会。因此,与模式Ⅱ相比,模式Ⅰ类型下的淘宝村创新效率更高,网商能获取更多的成长与发展机会。

但是,本书的实证结果并不支持与模式Ⅳ相比,模式Ⅰ类型下企业家精神对包容性创新有更强的正向作用。具体而言,与模式Ⅳ相比,模式Ⅰ类型下企业家精神对福利增长和机会创造均无更强的正向作用。这可能是因为本书取样的地域局限性或样本数量限制的影响,也可能是因为创新性、冒险性与模式Ⅳ的交互项系数正负相抵,导致总体而言,与模式Ⅳ相比,模式Ⅰ的调节效应并不显著,此中究竟有待在今后的研究工作中深入探究。

(二)淘宝村包容性创新模式对学习能力和包容性创新关系的调节

本书的实证结果表明,与模式Ⅱ相比,模式Ⅰ类型下学习能力对福利增长有更强的正向作用。为了简明直观地反映这一关系,本书用图6.5给出了模式Ⅱ对学习能力和福利增长关系的调节效应。从图6.5可以看出,模式Ⅰ类型下学习能力对福利增长的正向影响,强于模式Ⅱ类型下学习能力对福利增长的正向影响。

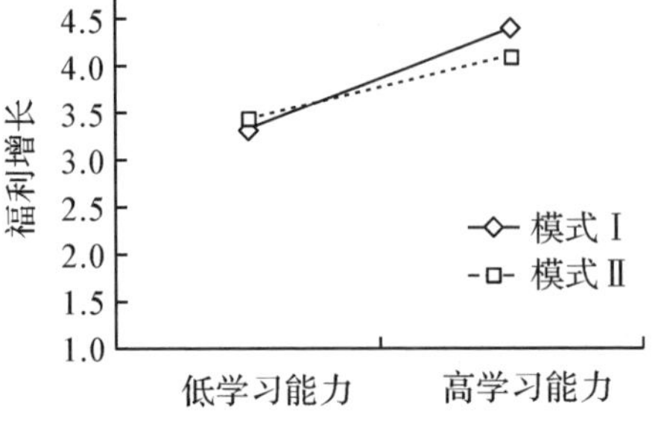

图6.5 模式Ⅱ对学习能力和福利增长关系的调节作用

淘宝村作为中国独有的农村电子商务集聚形态，因资源禀赋的不同呈现差异化的内部发展逻辑。在拥有产业基础的地区，资源禀赋多以产业集群的形态出现，集群所具备的外部经济性、相互依存和信任、知识嵌入性等三大特性相互作用，催生了诸如集体学习的网络和当地机构的支持等共享性资源。集体学习的“俱乐部产品”特性为网商创造了知识获取和利用的机会，有助于网商扩大知识基础，弥补技术积累不足、市场渠道落后、内部管理薄弱的缺陷，获取更高的学习绩效。同时，集群内的行业协会、服务型中介机构、职业培训中心等机构为网商提供了大量准公共性的支持与服务活动，其作为知识储存库，发挥了网络中介的作用，有力地降低了网商的搜索成本，为网商提供了技术和信息支持。因此，与模式Ⅱ相比，模式Ⅰ类型下的淘宝村网商学习绩效更高，获取的经济收益更多。

本书的实证结果表明，与模式Ⅱ相比，模式Ⅰ类型下学习能力对机会创造有更强的正向作用。为了简明直观地反映这一关系，本书用图 6. 6 给出了模式Ⅱ对学习能力和机会创造关系的调节效应。从图 6. 6 可以看出，模式Ⅰ类型下学习能力对机会创造的正向影响，强于模式Ⅱ类型下学习能力对机会创造的正向影响。

学习能力能够影响创业者的认知，淘宝村网商运用学习能力对创业实践进行批判性反思，从而为自身谋求发展机会。拥有产业资源禀赋的地区这一效应更为显著。根据知识论的观点，集群企业的持续竞争优势来源于集群知识系统，员工流动、企业衍生、供应链互动学习等集体学习的过程促进了知识的产生、扩散与外溢，有助于网商间的知识共享与交互，由此扩大了网商的知识基础，优化了网商的知识结构，为网商提供了持续的创新源泉，有助于其获取更多的成长机会。此外，集群内的服务性中介机构为网商提供了技术、人才和信息支持，共同声誉所带来的地区知名度提升促进了大量生产配套个体的进驻以及相关配套生产企业的出现，这些共享性资源有效降低了网商的学习壁垒。因此，与模式Ⅱ相比，模式Ⅰ类型下的淘宝村网商学习效能更高，能获取更多的发展机会。

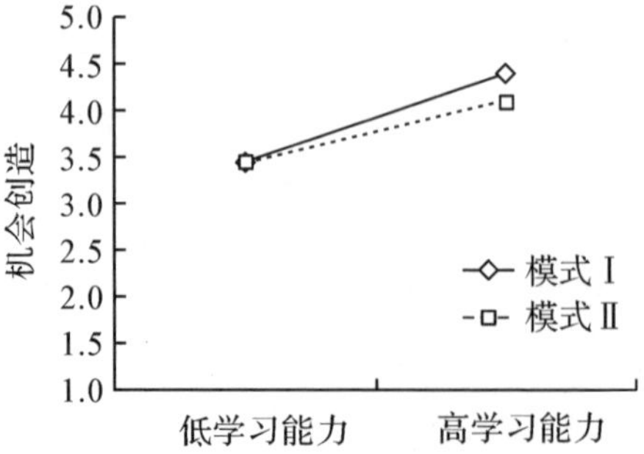

图 6.6 模式Ⅱ对学习能力和机会创造关系的调节作用

本书的实证结果表明,与模式Ⅳ相比,模式Ⅰ类型下学习能力对机会创造有更强的正向作用。为了简明直观地反映这一关系,本书用图 6.7 给出了模式Ⅳ对学习能力和机会创造关系的调节效应。从图 6.7 可以看出,模式Ⅰ类型下学习能力对机会创造的正向影响,强于模式Ⅳ类型下学习能力对机会创造的正向影响。

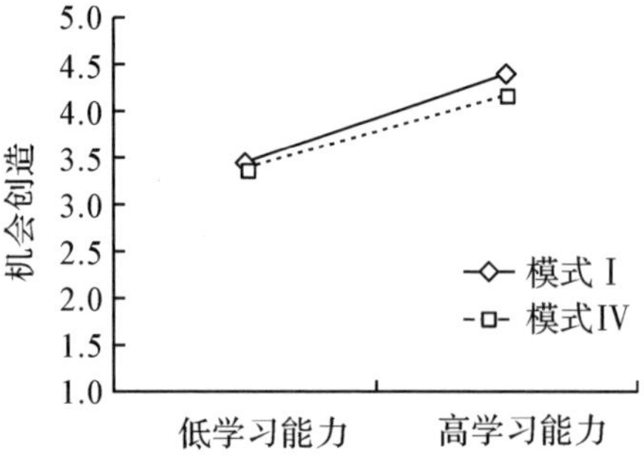

图 6.7 模式Ⅳ对学习能力和机会创造关系的调节作用

创业动机会受到个体目标、外在环境、商业意愿等因素的影响,即个体层面、人际层面、社会层面等多维度变量会共同影响创业过程。淘宝村发展实践表明,模式Ⅳ和模式Ⅰ类型下的网商具有不同的创业动机,且创业动机的强度呈现显著差异,模式Ⅰ类型下的淘宝村网商通常在个体、人际和社会三大层面变量的交互影响下主动地产生创业动机,而模式Ⅳ类型下的淘宝村网商初期往往仅在社会层面变量(政府强力驱动)的单一影响下被动地产生创业动机。研究表明,创业动机的强度会影响创业学习的方式与持久性,不同强度的创业动机下淘宝村网商创业学习的积极性和持久性呈现显著差异，继而影响学习绩效。因此，与模式Ⅳ相比，模式Ⅰ类型下的淘宝村网商学习效能更高，能够更好地把握机会。

但是，本书的实证结果并不支持与模式Ⅳ相比，模式Ⅰ类型下学习能力对福利增长有更强的正向作用。背后的原因如前所述，可能是因为本书取样的地域局限性或样本数量限制的影响，也可能意味着当政府驱动型的淘宝村具备自我“造血”能力后，网商创业学习的积极性和持久性持续自增强，使得学习能力对创新与竞争优势的影响与自发驱动型的淘宝村相比并无差别，从而导致对网商经济福利的影响在统计上没有显著差异，此中究竟有待在今后的研究工作中深入探究。

第八节　本章小结

本章在概念模型和研究假设的基础上，收集问卷调查数据，通过建立层次回归模型对淘宝村包容性创新模式的绩效问题进行了实证分析，检验了本章提出的12个研究假设。实证研究结果如表6.30所示。

表6.30　本章的假设检验结果汇总

研究问题	研究假设	检验结果
企业家精神如何影响淘宝村包容性创新？	假设1：企业家精神正向作用于福利增长	支持
	假设2：企业家精神正向作用于机会创造	支持
学习能力如何影响淘宝村包容性创新？	假设3：学习能力正向作用于福利增长	支持
	假设4：学习能力正向作用于机会创造	支持

续表

研究问题	研究假设	检验结果
淘宝村包容性创新模式如何调节企业家精神与包容性创新之间的关系？	假设5：与模式Ⅱ相比，模式Ⅰ类型下企业家精神对福利增长有更强的正向作用	支持
	假设6：与模式Ⅳ相比，模式Ⅰ类型下企业家精神对福利增长有更强的正向作用	不支持
	假设7：与模式Ⅱ相比，模式Ⅰ类型下企业家精神对机会创造有更强的正向作用	支持
	假设8：与模式Ⅳ相比，模式Ⅰ类型下企业家精神对机会创造有更强的正向作用	不支持
淘宝村包容性创新模式如何调节学习能力与包容性创新之间的关系？	假设9：与模式Ⅱ相比，模式Ⅰ类型下学习能力对福利增长有更强的正向作用	支持
	假设10：与模式Ⅳ相比，模式Ⅰ类型下学习能力对福利增长有更强的正向作用	不支持
	假设11：与模式Ⅱ相比，模式Ⅰ类型下学习能力对机会创造有更强的正向作用	支持
	假设12：与模式Ⅳ相比，模式Ⅰ类型下学习能力对机会创造有更强的正向作用	支持

第七章

结论与展望

前六章对中国淘宝村包容性创新模式、机理及演化路径进行了系统深入的研究。本章将对前述研究进行总结，阐明本书的讨论与结论、理论贡献与实践启示，并在此基础上对本书存在的局限性进行说明，最后展望未来研究方向。

第一节　讨论与结论

一、讨　论

本书采用理论与实证研究、定性与定量研究相结合的方法，探析了中国淘宝村包容性创新的模式、机理及演化路径。为了深化认识并得到更具普适性的理论启示，本节将对研究结论与既有理论之间的关系进行讨论与比较，以提升研究的外部效度。

早期的金字塔底层战略研究多将 BOP 群体视为消费者，探析企业如何通过产品创新开拓 BOP 细分市场以寻求商业利润，从而在创造社会价值的基础上解决贫困问题（Prahalad, 2004），如周江华等（2012）通过对中国山寨手机行业的深入调查，探析了面向 BOP 市场的破坏性创新的特征与机制；或是将 BOP 群体视为生产者，公司与其合作为 BOP 甚至 TOP 市场提供产品和服务（Arora and Romijn, 2012；Karnani, 2007b），即 BOP 作为商业伙伴参与企业价值链或价值网络以获取能力并提升经济回报（Simanis et al., 2008），如 Hall et al.（2014）通过对巴西贫困地区小规模农户种植天然彩棉的案例研究，剖析了 BOP 生产者克服技术、商业、社会障碍参与全球价值网络的创新路径。与早期研究不同，本书将淘宝村网商视为 BOP 创业者，而非单纯的消费者或是被动的生产者，拥有对管理和商业伙伴关系的绝对控制权，并享有对产品和服务价值的自主分配权，是淘宝村包容性创新系统中的核心主体。总体而言，本书与既有金字塔底层战略研究形成互补关系，一方面，无论将 BOP 群体视为消费者、生产者还是创业者，本质上都是通过创新解决 BOP 问题，另一方面，由于 BOP 群体的角色差异，在包容性创新的模式类型与构念维度上会有不同的表现并产生差异化的结果。在此意义上，本书提出的理论模型亦可被用于分析其他行业的 BOP 问题，并可根据具体场景予以调整或修正。

随着移动互联网时代信息载体的变化，学者们尝试探析不同类型的互联网平台企业在解决 BOP 问题时的作用机制，如邢小强等（2019）从数字技术和商业模式创新互动视角，通过对快手和字节跳动的双案例研究，探讨了短视频平台企业通过提升 BOP 群体在信息生产与消费中的角色与地位，从而促进包容性市场构建的特征与机制，构建了数字技术与 BOP 商业模式创新协同推动包容性市场建设的理论框架；邢小强等（2021）采用案例研究方法，通过对数字内容产业头部公司字节跳动开展的涉及 BOP 的扶贫工作进行深入研究，探讨了平台企业基于数字平台履行社会责任并创造共享价值的过程、机制与支持要素。与本书所关注的淘宝电商模式相比，虽然彼此涉及 BOP 的部分在机制设计与发展路径上存在诸多相似之处，如都是互联网平台企业以商业化的方式在 BOP 市场内同时创造经济与社会价值，都是 BOP 群体作为网络创业者平等地参与市场、创造价值并获取收益，都是互联网技术发展推动平台商业模式创新的结果，且彼此间商业模式都有向对方迭代靠拢的趋势，但在具体的技术功能和商业逻辑上仍存在显著的差异：首先，短视频拍摄对 BOP 群体的知识水平要求不高，进入门槛较低，而淘宝电商模式以文字和图片作为主要的信息表达方式，对创业者的能力素质有更高的要求；其次，短视频模式的商业逻辑起点是构建人与内容（信息）的连接，而淘宝电商模式是构建人与商品的连接，即以 BOP 创业者在淘宝平台的商品交易为核心；最后，短视频的发布、观看乃至直播打赏均可在线上形成闭环，而淘宝电商模式在初始阶段就涉及 BOP 群体对线上和线下资源的市场化与资本化，因此对本地的产业发展有更大的促进作用。

综上，本书将淘宝村网商视为 BOP 创业者，探析了中国淘宝村包容性创新的模式、机理及演化路径，丰富与拓展了发展中国家数字经济背景下的 BOP 研究，有助于构建互联网平台情境下的包容性创新理论。

二、结　论

本书围绕“中国淘宝村包容性创新模式、机理及演化路径”这一基本命题，综合运用探索性案例研究、多案例纵向研究、大样本数理统计研究等定性定量研究方法，通过4个子研究逐层深入探究了如下4个科学问题：淘宝村包容性创新模式有哪些？不同创新模式背后的机理有何差异？不同创新模式之间如何进行演化？不同创新模式的绩效是否存在差异？主要结论如下：

第一，淘宝村现存三种包容性创新模式。模式Ⅰ自发驱动型指初期拥有集群、专业市场、专业村等产业资源，由市场自发驱动经由复制裂变形成的淘宝村，具有显著的自下而上(bottom-up)特征，其发展关键是富有企业家精神的网商带头人，市场机会在此过程中起催化作用。模式Ⅱ自发培育型指初期无相关产业资源，由网商带头人培育产品后自发经由复制裂变形成的淘宝村，具有显著的自下而上和弱路径依赖性特征，其发展关键一是富有企业家精神的网商带头人，二是找准市场机会培育合适的产品。模式Ⅳ政府驱动型指初期拥有集群、专业市场、专业村等产业资源，由地方政府驱动经由电子商务服务商孵化形成的淘宝村，具有显著的自上而下特征，其初期发展关键在于地方政府，后期当网商自身具备“造血”能力时，向模式Ⅰ演化。

第二，现存三种淘宝村包容性创新模式的内在机理各有异同。在不同类型的包容性创新模式下，淘宝村内生状态和包容性创新驱动因素的构成要素存在差异，而创新集聚和包容性创新的构成要素并无不同。内生状态和包容性创新驱动因素的交互作用有助于淘宝村创新集聚的形成。淘宝村创新集聚的形成有助于实现包容性创新。

第三，现存三种淘宝村包容性创新模式的演化过程与机理各有异同。企业家精神和学习能力作为内部驱动因素，竞合压力和机会牵引作为外部驱动因素，合力推动了模式Ⅱ和模式Ⅳ两类淘宝村包容性创新模式的动态演化。“模式Ⅱ→模式Ⅰ”和“模式Ⅳ→模式Ⅰ”两条演化路径的不同阶段分别由不同的驱动因素发挥主导作用。地域文化传统和产业资源禀赋的差异,导致“模式Ⅱ→模式Ⅰ”和“模式Ⅳ→模式Ⅰ”两条演化路径不同阶段的主导因素各不相同。

第四,现存三种淘宝村包容性创新模式的绩效各有异同。企业家精神正向作用于福利增长和机会创造。学习能力正向作用于福利增长和机会创造。与模式Ⅱ相比,模式Ⅰ类型下企业家精神对福利增长和机会创造均有更强的正向作用,学习能力对福利增长和机会创造均有更强的正向作用。与模式Ⅳ相比,模式Ⅰ类型下企业家精神对福利增长和机会创造均无更强的正向作用,学习能力对机会创造有更强的正向作用,但对福利增长无更强的正向作用。

第二节 理论贡献

本书通过探析中国淘宝村包容性创新的模式、机理及演化路径,对相关理论进行了拓展与深化,主要理论贡献概括如下:

第一,打开了中国淘宝村包容性创新这一“黑箱”。本书以中国农村电子商务为情境,交叉融合包容性创新理论和淘宝村研究这两大新兴领域,从能力观和权变观视角打开了中国淘宝村包容性创新这一“黑箱”,通过探索性案例研究、多案例纵向研究、因子分析、层次回归分析等定性定量相结合的实证研究,揭示了中国淘宝村包容性创新的模式与机理,剖析了不同模式之间的演化过程与绩效差异,有助于构建中国情境下的本土化包容性创新理论。

第二,深化并拓展了微观层面的淘宝村研究。现有的淘宝村研究总体仍处于发端与初探阶段,多聚焦于空间分布特征、成因及演化机理、发展模式与转型升级、经济社会效应等研究主题。研究视角上以经济学和地理学为主,研究方法上多采用质性分析,研究对象上多聚焦于少数典型个案。本书从包容性创新的理论视角出发,在数理统计分析的基础上解析了多数非典型样本背后的模式、机理及演化路径，深化与拓展了微观层面的淘宝村研究。

第三，构建了个体层面的淘宝村包容性创新测度量表。现有研究主要依靠经济统计数据构建包容性创新测度指标，且大多聚焦于国家或区域等宏观层面。本书结合公平理论、包容性创新理论和淘宝村研究，在网商认知的基础上，构建了个体层面的淘宝村包容性创新测度量表，与现有研究形成了互补，丰富了尚处于概念探讨和摸索阶段，且仍以定性思辨为主的包容性创新研究，推动了未来微观层面包容性创新定量实证研究的开展。

第三节　实践启示

本书明晰了中国淘宝村包容性创新的模式、机理及演化路径，为中国农村电子商务情境下的包容性创新实践提供了有益的启示：

一、策略建议

本书为淘宝村的微观运营指明了方向：

第一，通过厘清淘宝村包容性创新的模式与机理，有助于针对不同模式类型下内生状态和包容性创新驱动因素的构成要素，助推淘宝村创新集聚的形成。在模式Ⅰ类型下，应充分发挥市场机会牵引这一包容性创新驱动因素的积极作用，利用产业资源禀赋优势，分析市场需求、把握市场趋势、找准市场定位，如西部地区发展淘宝村可抓住当下直播电商市场风口，开展特色农产品等非标产品的直播带货，助推电商创新集聚的形成，从而实现“弯道超车”。在模式Ⅱ类型下，应发挥企业家精神的“催化剂”作用，弥补淘宝村先天资源禀赋缺失的劣势，通过形成淘宝村创新集聚实现包容性创新。

第二，通过揭示淘宝村包容性创新模式的演化机理，有助于针对不同演化阶段的主导驱动因素，助推模式Ⅱ和模式Ⅳ向模式Ⅰ演化。在模式Ⅱ类型下，应针对竞合互动这一产业升级阶段的主导因素，一方面通过产品创新实施差异化竞争，另一方面通过产业联盟加强协作与整合，从而在促进稀缺资源最优分配的同时挖掘互补性资源、能力和技能，推动淘宝村的转型升级。在模式Ⅳ类型下，应针对干中学、用中学这一复制扩张阶段的主导因素，通过淘宝平台系统操作和线下实践将电子商务服务商传授的知识技能进行内化，提升学习能力以增强自我"造血"功能，逐步向模式Ⅰ类型演化。

第三，通过探析淘宝村包容性创新模式的绩效问题，有助于针对不同模式情境下学习能力和企业家精神的作用机制，助推网商实现更高的包容性创新绩效。在模式Ⅰ类型下，应充分利用既有的产业资源禀赋加速淘宝村创新示范效应的扩散速率，发挥产业链配套体系、集体学习的网络、当地机构的支持、竞合互动的氛围、共同声誉等集群共享性资源的作用，配合市场这只"看不见的手"，扩大学习能力和企业家精神的正向效应，如有条件的淘宝村应发挥网商优势顺应市场需求，积极探索乡村文旅、农旅融合新业态，通过提升乡村品牌创造新价值，从而实现更高的包容性创新绩效。

二、政策启示

本书为政府的宏观政策提供了指导：

第一，通过明晰现存三种淘宝村包容性创新模式，为尚未发现淘宝村地区的政府因地制宜地根据地域文化传统和产业资源禀赋发展农村电子商务提供了可行的方向。在创业氛围浓厚的东部沿海地区，可发展模式Ⅰ和模式Ⅱ类型淘宝村，政府应通过营造公平宽松的营商环境为淘宝村的孕育创设良好的制度氛围。在中西部经济相对落后地区，可利用既有产业基础发展模式Ⅳ类型淘宝村，政府应通过建设物流基础设施、引入电子商务服务商、搭建公共服务平台等降低网商创业门槛，如农特产区地方政府可成立专班，协调区域农产品交易市场、冷链物流、集配中心等基础设施建设；深入调研农产品市场价格动态，借助阿里云大数据预测指导农产品生产与销售；鼓励发展农产品加工业，通过延长农业产业链提升产品附加值和利润率；抓好农产品质量安全检测，鼓励申报"三品一标"认证，从而为淘宝村的萌芽提供坚实的产业基础和有力的政策支持，通过包容性创新推动乡村振兴、缩小地区差距、实现共同富裕。

第二，通过明晰淘宝村包容性创新模式背后的机理，帮助地方政府根据辖区淘宝村的包容性创新模式匹配不同的创新驱动因素，推动淘宝村创新集聚的形成，最终实现包容性创新。在模式Ⅳ类型下，政策机会牵引作为创新驱动因素，与内生状态的三大构成要素——农村社会特性、农民特性、创新资源禀赋交互作用，推动了以集体学习、降低壁垒、规模效应、产业外溢为核心的淘宝村创新集聚，此时政府应综合运用供给面（教育培训、信息服务等）、需求面（政府采购、公共服务等）、环境面（税收优惠、法规规章等）三大类政策工具，创造创业条件、提高创业能力、激发创业动机、扶持创业活动，如通过财政专项资金建设专业的电商人才培训基地，加大直播和短视频等新业态培训力度，降低网商的从业壁垒；通过政府购买的形式引入第三方电商大数据信息服务，助力网商洞悉市场趋势；通过搭建区域公共技术服务平台促进关键共性技术创新，助推产业高质量发展，从而更好地实现包容性创新。

第三，通过明晰淘宝村包容性创新模式演化的三阶段和四大驱动因素，帮助已经发现淘宝村地区的政府判断淘宝村所处发展阶段，从而有的放矢地针对当前阶段的主导因素驱动淘宝村发展演化。当模式Ⅱ类型淘宝村处于复制扩张阶段时，政策机会发挥主导作用，政府应“较好地理解行动者所面临的问题”，扮演“引导者”角色，通过优化政府各部门关键业务流程/环节，建设跨部门、无缝隙、动态化的协同管理机制，为淘宝村发展提供财政金融、行业监管、对外宣传、科技服务、产业规划等系统性政策支持，以尊重市场规律为前提，不越位不缺位，营造包容性的创新环境。当模式Ⅳ类型淘宝村处于萌芽初创阶段时，政策机会发挥至关重要的作用，政府应扮演“扶持者”角色，大力推进偏远农村地区的“三网”建设，布局县镇村三级物流节点网络与服务体系，引入专业服务商完善创业技能培训体系，对网商进行分领域分层次的孵化，同时积极引进电商带头人，用“看得见的手”培育淘宝村。

第四节 局限性与未来研究方向

囿于研究问题的复杂性和笔者个人能力所限,本书存在诸多不足之处,这为未来研究提供了进一步完善与拓展的方向:

第一,研究面的局限性。本书使用单次问卷调查的方式采集样本数据,本质上属于横截面研究,因此未能考察变量之间随时间变化的动态关系。此外,本书分别检验了淘宝村包容性创新模式在企业家精神和学习能力对包容性创新作用机制中的调节效应,未能深入探究企业家精神与学习能力的交互作用对包容性创新的影响,以及淘宝村包容性创新模式在此过程中的调节作用。未来可引入时间维度,在不同的时间段发放并回收涉及不同变量的问卷,同时分析企业家精神、学习能力、淘宝村包容性创新模式的三重交互作用对包容性创新的影响机制,以更好地揭示变量之间的关系。

第二,样本数据来源的地域局限性。本书的样本数据来源于淘宝村排名前50%的省份,未覆盖所有出现淘宝村的区域,这可能会影响研究结果的普适性。尽管本书通过多种途径发放并回收问卷,并尽量兼顾不同类型的淘宝村包容性创新模式,以保证样本量的平衡、有效问卷的数量和质量并减少未回复偏差,但受制于问卷发放的地域局限性,仍难以排除区域固有特性的影响,这可能在一定程度上影响研究结果的概化。未来可考虑拓宽实证研究的样本范围,扩充来自更多区域的样本,从而在更广的地域范围内验证本书的概念模型与研究假设,以提升研究结果的普适性。

第三,部分变量测度指标体系的局限性。受数据收集条件所限,部分变量测度指标体系仍有待完善。虽然本书结合文献研究、实地调研和专家意见进行调查问卷的设计,采用效度和信度检验,以尽可能地保证变量测度的有效性和可靠性,但是采用李克特五级量表由受访者主观评分的方法仍不可避免地存在测量偏差与缺陷。未来在具备数据收集条件的情况下,可结合客观数据对淘宝村包容性创新等变量进行系统评估,以进一步提高研究效度。

参考文献

[1]Abosede A J, Onakoya A B, 2013. Entrepreneurship, economic development and inclusive growth[J]. International Journal of Social Sciences Entrepreneurship (3): 375-387.

[2]Asia Development Bank, 2018. Strategy 2030: Achieving a Prosperous, Inclusive, Resilient, and Sustainable Asia and the Pacific[M]. Manila: Asia Development Bank.

[3]Adedeji O S, Du H, Opoku-Afari M, 2013. Inclusive growth: An application of the social opportunity function to selected African countries[R]. Washington D. C.: International Monetary Fund.

[4]Adegbile A, Sarpong D, 2018. Disruptive innovation at the base-of-the-pyramid: Opportunities, and challenges for multinationals in African emerging markets[J]. Critical Perspectives on International Business(2/3): 111-138.

[5]Ali I, Yao X B, 2004. Inclusive growth for sustainable poverty reduction in developing Asia: The enabling role of infrastructure development[R]. Manila: Asia Development Bank.

[6]Ali I, 2007. Inequality and the imperative for inclusive growth in Asia[J]. Asian Development Review(2): 1-12.

[7]Ali I, Son H H, 2007a. Measuring inclusive growth[J]. Asian Development Review(1): 11-31.

[8]Ali I, Son H H, 2007b. Defining and measuring inclusive growth: Application to the Philippines[R]. Manila: Asian Development Bank.

[9]Ali I, Zhuang J, 2008. Inclusive growth toward a prosperous Asia: Policy implications[J]. Asian Development Review(1): 22-33.

[10]Amit R, Zott C, 2001. Value creation in e-business[J]. Strategic Management

Journal(6/7)：493-520.
[11]Anand R, Mishra S, Peiris S J, 2013. Inclusive growth revisited: Measurement and determinants[R]. Washington D. C.: International Monetary Fund.
[12]Angeli F, Jaiswal A K, 2016. Business model innovation for inclusive health care delivery at the bottom of the pyramid[J]. Organization & Environment (4)：486-507.
[13]Annala L, Sarin A, Green J, 2016. Co-production of frugal innovation: Case of low cost reverse osmosis water filters in India[J]. Journal of Cleaner Production(S)：110-118.
[14]Aoyagi C, Ganelli G, 2015. Asia's quest for inclusive growth revisited[J]. Journal of Asian Economics(1)：29-46.
[15]Arora S, Romijn H, 2012. The empty rhetoric of poverty reduction at the base of the pyramid[J]. Organization(4)：481-505.
[16]Ausrod V L, Sinha V, Widding O, 2017. Business model design at the base of the pyramid[J]. Journal of Cleaner Production(1)：982-996.
[17]Baron R A, Ward T B, 2004. Expanding entrepreneurial cognition's toolbox: Potential contributions from the field of cognitive science[J]. Entrepreneurship Theory and Practice(6)：553-573.
[18]Barrientos A, Malerba D, 2020. Social assistance and inclusive growth[J]. International Social Security Review(3)：33-53.
[19]Barua A, Sawhney A, 2015. Development policy implications for growth and regional inequality in a small open economy: The Indian case[J]. Review of Development Economics(3)：695-709.
[20]Bassey M, 1999. Case Study Research in Educational Settings[M]. Philadelphia: Open University Press.
[21]Basu R R, Banerjee P M, Sweeny E G, 2013. Frugal innovation[J]. Journal of Management for Global sustainability(2)：63-82.
[22]Battilana J, Dorado S, 2010. Building sustainable hybrid organizations:

The case of commercial microfinance organizations [J]. Academy of Management Journal(6): 1419-1440.

[23] Battilana J, Lee M, 2014. Advancing research on hybrid organizing: Insights from the study of social enterprises[J]. Academy of Management Annals(1): 397-441.

[24] Baumol W J, Schilling M A, Wolff E N, 2009. The superstar inventors and entrepreneurs: How were they educated? [J]. Journal of Economics & Management Strategy(3): 711-728.

[25] Beatty C, Crisp R, Gore T, 2016. An inclusive growth monitor for measuring the relationship between poverty and growth[R]. York: Joseph Rowntree Foundation.

[26] Begley T M, 1995. Using founder status, age of firm, and company growth rate as the basis for distinguishing entrepreneurs from managers of smaller businesses[J]. Journal of Business Venturing(3): 249-263.

[27] Berdegué J A, Carriazo F, Jara B, et al., 2015. Cities, territories, and inclusive growth: Unraveling urban-rural linkages in Chile, Colombia, and Mexico[J]. World Development(S): 56-71.

[28] Bhatti Y A, 2012. What Is Frugal, What Is Innovation? Towards a Theory of Frugal Innovation[M]. London: Imperial College London.

[29] Bisht S S, Mishra V, Fuloria S, 2010. Measuring accessibility for inclusive development: A census based index[J]. Social indicators research(1): 167-181.

[30] Borchardt M, Pereira G, Ferreira A R, et al., 2020. Leveraging frugal innovation in micro-and small enterprises at the base of the pyramid in Brazil: An analysis through the lens of dynamic capabilities[J]. Journal of Entrepreneurship in Emerging Economies(5): 864-886.

[31] Boschma R A, 2005. Proximity and innovation: A critical assessment[J]. Regional Studies(1): 61-74.

[32] Burgoyne J, 1989. Creating the managerial portfolio: Building on competency approaches to management development [J]. Management Learning (1): 56-61.

[33] Cañeque F C, Hart S L, 2015. Base of the Pyramid 3.0: Sustainable Development through Innovation and Entrepreneurship [M]. Sheffield: Greenleaf Publishing Limited.

[34] Capello R, 1999. Spatial transfer of knowledge in high technology milieux: Learning versus collective learning processes [J]. Regional Studies (4): 353-365.

[35] Chataway J, Hanlin R, Kaplinsky R, 2014. Inclusive innovation: An architecture for policy development [J]. Innovation & Development (1): 33-54.

[36] Chatterjee S, 2005. Poverty reduction strategies: Lessons from the Asian and Pacific region on inclusive development [J]. Asian Development Review (1): 12-42.

[37] Chaurey A, Krithika P R, Palit D, et al., 2012. New partnerships and business models for facilitating energy access [J]. Energy Policy (6): 48-55.

[38] Chesbrough H, Ahern S, Finn M, et al., 2006. Business models for technology in the developing world: The role of non-governmental organizations [J]. California Management Review (3): 48-61.

[39] Chliova M, Ringov D, 2017. Scaling impact: Template development and replication at the base of the pyramid [J]. The Academy of Management Perspectives (1): 44-62.

[40] Chmielewski D A, Dembek K, Beckett J R, 2020. "Business unusual": Building BOP 3.0 [J]. Journal of Business Ethics (1): 211-229.

[41] Christensen C, Raynor M, 2003. The Innovator's Solution: Creating and Sustaining Successful Growth [M]. Boston: Harvard Business School Press.

[42] Christensen C M, 1997. The Innovator's Dilemma: When New Technologies

Cause Great Firms to Fail[M]. Boston: Harvard Business School Press.
[43] Chua J H, Chrisman J J, Sharma P, 1999. Defining the family business by behavior[J]. Entrepreneurship Theory and Practice(4): 19-39.
[44] Churchill G A, 1979. A paradigm for developing better measures of marketing constructs[J]. Journal of Marketing Research(1): 64-73.
[45] Clayton K, Blumberg F, Auld D P, 2010. The relationship between motivation, learning strategies and choice of environment whether traditional or including an online component[J]. British Journal of Educational Technology(3): 349-364.
[46] Coase R H, 1937. The nature of the firm[J]. Economica(16): 386-405.
[47] Cohen J, Cohen P, West S G, et al., 2003. Applied Multiple Regression/Correlation Analysis for the Behavioral Sciences[M]. Mahwah: Erlbaum.
[48] Collins L A, Smith A J, Hannon P D, 2006. Discovering entrepreneurship: An exploration of a tripartite approach to developing entrepreneurial capacities[J]. Journal of European Industrial Training(3): 188-205.
[49] Conceição P, Gibson D V, Heitor M V, et al., 2001. Knowledge for inclusive development: The challenge of globally integrated learning and implications for science and technology policy[J]. Technological Forecasting and Social Change(1): 1-29.
[50] Contractor F J, Lorange P, 1988. Cooperative Strategies in International Business[M]. Lexington: Lexington Books.
[51] Cook S, 2006. Structural change, growth and poverty reduction in Asia: Pathways to inclusive development[J]. Development Policy Review(S1): 51-80.
[52] Covin J G, Slevin D P, 1988. The influence of organization structure on the utility of an entrepreneurial top management style[J]. Journal of Management Studies(3): 217-234.
[53] Covin J G, Slevin D P, 1991. A conceptual model of entrepreneurship as firm behavior[J]. Entrepreneurship Theory and Practice(1): 7-26.

[54] Cui M, Pan S L, Newell S, et al., 2017. Strategy, resource orchestration and e-commerce enabled social innovation in rural China[J]. Journal of Strategic Information Systems(1): 3-21.

[55] Dana L P, Gurau C, Hoy F, et al., 2021. Success factors and challenges of grassroots innovations: Learning from failure[J]. Technological Forecasting and Social Change(1): 1-11.

[56] Dasgupta P, Hart S L, 2015. Creating an innovation ecosystem for inclusive and sustainable business[M]// Cañeque F C, Hart S L, Base of the Pyramid 3.0: Sustainable Development through Innovation Entrepreneurship. Sheffield: Greenleaf Publishing Limited: 93-105.

[57] David-West O, Iheanachor N, Umukoro I O, 2019. Mobile money as a frugal innovation for the bottom of the pyramid: Cases of selected African countries[J]. Africa Journal of Management(3): 274-302.

[58] Davidson K, 2009. Ethical concerns at the bottom of the pyramid: Where CSR meets BOP[J]. Journal of International Business Ethics(1): 22-32.

[59] De Haan A, 2015. Inclusive growth: Beyond safety nets? [J]. European Journal of Development Research(4): 606-622.

[60] De Jong J, Parker S, Wennekers S, et al., 2011. Corporate entrepreneurship at the individual level: Measurement and determinants[R]. Zoetermeer: EIM.

[61] De Soto H, 2000. The Mystery of Capital: Why Capitalism Triumphs in the West and Fails Everywhere Else[M]. London: Civitas Books.

[62] Deakins D, Freel M, 1998. Entrepreneurial learning and the growth process in SMEs[J]. The Learning Organization(3): 144-155.

[63] Deci E L, Ryan R M, 1985. Intrinsic Motivation and Self-Determination in Human Behavior[M]. New York: Plenum Press.

[64] Dembek K, Sivasubramaniam N, Chmielewski D A, 2020. A systematic review of the bottom/base of the pyramid literature: Cumulative evidence and future directions[J]. Journal of Business Ethics(3): 365-382.

[65] Dembek K, York J, 2020. Applying a sustainable business model lens to mutual value creation with base of the pyramid suppliers[J]. Business & Society(8): 2156-2191.

[66] Dey A, Gupta A K, Singh G, 2019. Innovation, investment and enterprise: Climate resilient entrepreneurial pathways for overcoming poverty [J]. Agricultural Systems(1): 83-90.

[67] Dost M, Pahi M H, Magsi H B, et al., 2019. Effects of sources of knowledge on frugal innovation: Moderating role of environmental turbulence[J]. Journal of Knowledge Management(7): 1245-1259.

[68] Drucker P F, 1985. The discipline of innovation[J]. Harvard Business Review(3): 67-72.

[69] Dunn S C, Seaker R F, Waller M A, 1994. Latent variables in business logistics research: Scale development and validation [J]. Journal of Business Logistics(2): 145-145.

[70] Dutz M A, 2007. Unleashing India's innovation: Toward sustainable and inclusive growth[R]. Washington D. C.: World Bank.

[71] Dyer J H, Singh H, 1998. The relational view: Cooperative strategy sources of interorganisational competitive advantage [J]. Academy of Management Review(4): 660-679.

[72] Ebers M, 1997. The Formation of Inter-Organisational Networks[M]. Oxford: Oxford University Press.

[73] Ebrahim A, Battilana J, Mair J, 2014. The governance of social enterprises: Mission drift and accountability challenges in hybrid organizations [J]. Research in Organizational Behavior(1): 81-100.

[74] Eisenhardt K M, 1989. Building theories from case study research[J]. Academy of Management Review(4): 532-550.

[75] Eisenhardt K M, Graebner M E, 2007. Theory building from cases: Opportunities and challenges[J]. Academy of Management Journal(1):

25-32.

[76] Elkington J, 2004. Enter the triple bottom line[M]// Henriques A, Richardson J, The Triple Bottom Line: Does It All Add Up. London: Earthscan: 1-16.

[77] Felipe J, Hasan R, 2006. Labor Markets in Asia: Issues and Perspectives[M]. London: Palgrave MacMillan.

[78] Fernando N, 2008. Rural development outcomes and drivers: An overview and some lessons[R]. Manila: Asia Development Bank.

[79] Fosfuri A, Giarratana M S, Roca E, 2016. Social business hybrids: Demand externalities, competitive advantage, and growth through diversification[J]. Organization Science(5): 1275-1289.

[80] Foster C, Heeks R, 2013a. Conceptualising inclusive innovation: Modifying systems of innovation frameworks to understand diffusion of new technology to low-income consumers[J]. European Journal of Development Research(3): 333-355.

[81] Foster C, Heeks R, 2013b. Analyzing policy for inclusive innovation: The mobile sector and base-of-the-pyramid markets in Kenya[J]. Innovation and Development(1): 103-119.

[82] Foster C, Heeks R, 2013c. Innovation and scaling of ICT for the bottom-of-the-pyramid[J]. Journal of Information Technology(4): 296-315.

[83] Foster C, Heeks R, 2014. Nurturing user-producer interaction: Inclusive innovation flows in a low-income mobile phone market[J]. Innovation and Development(2): 221-237.

[84] Fowler F J, 2009. Survey Research Methods[M]. Beverly Hills: Sage.

[85] Fressoli M, Arond E, Abrol D, et al., 2014. When grassroots innovation movements encounter mainstream institutions: Implications for models of inclusive innovation[J]. Innovation and Development(2): 277-292.

[86] Garrette B, Karnani A, 2010. Challenges in marketing socially useful goods

to the poor[J]. California Management Review(4): 29-47.

[87]Gebauer H, Reynoso J, 2013. An agenda for service research at the base of the pyramid[J]. Journal of Service Management(5): 482-502.

[88]Gebauer H, Saul C J, 2014. Business model innovation in the water sector in developing countries [J]. Science of the Total Environment (1): 512-520.

[89]Gebauer H, Haldimann M, Saul C J, 2017. Business model innovations for overcoming barriers in the base-of-the-pyramid market[J]. Industry and Innovation(5): 543-568.

[90]George G, Bock A J, 2011. The business model in practice and its implications for entrepreneurship research [J]. Entrepreneurship Theory and Practice(1): 83-111.

[91]George G, McGahan A M, Prabhu J, 2012. Innovation for inclusive growth: Towards a theoretical framework and a research agenda[J]. Journal of Management Studies(4): 661-683.

[92]Glaser B G, Strauss A L, 1967. The Discovery of Grounded Theory: Strategies for Qualitative Research[M]. Chicago: Aldine Publishing.

[93]Gold S, Hahn R, Seuring S, 2013. Sustainable supply chain management in "base of the pyramid" food projects: A path to triple bottom line approaches for multinationals? [J]. International Business Review (5): 784-799.

[94]Greeno J G, Collins A M, Resnick L B, 1996. Cognition and learning[M]// Berliner D C, Calfee R C, Handbook of Educational Psychology. New York: MacMillan: 15-46.

[95]Guo G, Liang Q, Luo G, 2014. Effects of clusters on China's e-commerce: Evidence from the Junpu Taobao Village[J]. International Journal of Business and Management(6): 180-186.

[96]Hall J, Matos S V, Martin M J, 2014. Innovation pathways at the base of the

pyramid: Establishing technological legitimacy through social attributes[J]. Technovation(5/6): 284-294.

[97] Harris S G, Mossholder K W, 1996. The affective implications of perceived congruence with culture dimensions during organizational transformation[J]. Journal of Management(4): 527-547.

[98] Harsh M, Woodson T, Cozzens S, et al., 2018. The role of emerging technologies in inclusive innovation: The case of nanotechnology in South Africa[J]. Science and Public Policy(5): 597-607.

[99] Hart S L, Christensen C M, 2002. The great leap: Driving innovation from the base of the pyramid[J]. MIT Sloan Management Review(1): 51-56.

[100] Hart S L, Milstein M B, 2003. Creating sustainable value[J]. Academy of Management Executive(2): 56-67.

[101] Hart S L, 2005a. Innovation, creative destruction and sustainability[J]. Research-Technology Management(5): 21-27.

[102] Hart S L, 2005b. Capitalism at the Arossroads: The Unlimited Business Opportunities in Solving the World's Most Difficult Problems[M]. Upper Saddle River: Wharton School Publishing.

[103] Hart S L, London T, 2005. Developing native capability: What multinational corporations can learn from the base of the pyramid[J]. Stanford Social Innovation Review(2): 28-33.

[104] Hart S L, 2010. Capitalism at the Crossroads: Next Generation Business Strategies for a Post-Crisis World[M]. Upper Saddle River: Wharton School Publishing.

[105] Hay C, Hunt T, McGregor J A, 2020. Inclusive growth: The challenges of multidimensionality and multilateralism[J]. Cambridge Review of International Affairs(Published Online(https://www.tandfonline.com/doi/full/10.1080/09557571.2020.1784849)).

[106] Heeks R, Foster C, Nugroho Y, 2014. New models of inclusive innovation

for development[J]. Innovation and Development(2): 175-185.

[107]Hinkin T R, 1995. A review of scale development practices in the study of organizations[J]. Journal of Management(5): 967-988.

[108]Holzmann R, Jørgensen S, 2001. Social risk management: A new conceptual framework for social protection, and beyond[J]. International Tax and Public Finance(4): 529-556.

[109]Hossain M, 2018. Frugal innovation: A review and research agenda[J]. Journal of Cleaner Production(1): 926-936.

[110]Hu Y, Liu L, 2017. Spatial distribution characteristics and influencing factors of Taobao Villages in Guangzhou[J]. China City Planning Review (4): 49-56.

[111]Ianchovichina E, Lundstrom S, 2009. Inclusive growth analytics: Framework and application[R]. Washington D. C.: World Bank.

[112]Ianchovichina E, Lundstrom S, 2012. What is inclusive growth? Commodity prices and inclusive growth in low-income countries[M]// Arezki R, Pattillo C, Quintyn M, et al., Commodity Price Volatility and Inclusive Growth in Low-Income Countries. Washington, D. C.: International Monetary Fund: 67-160.

[113]Iansiti M, Levien R, 2004. Strategy as ecology[J]. Harvard Business Review(3): 68-78.

[114]Jagtap S, 2019. Design and poverty: A review of contexts, roles of poor people, and methods[J]. Research in Engineering Design(1): 41-62.

[115]Jalles J T, Mello L D, 2019. Cross-country evidence on the determinants of inclusive growth episodes[J]. Review of Development Economics(4): 1818-1839.

[116]James L R, Brett J M, 1984. Mediators, moderators, and tests for mediation[J]. Journal of Applied Psychology(2): 307-321.

[117]Jennex M E, Amoroso D, Adelakun O, 2004. E-commerce infrastructure

success factors for small companies in developing economies [J]. Electronic Commerce Research(3): 263-286.

[118] Jensen M B, Johnson B, Lorenz E, et al., 2007. Forms of knowledge and modes of innovation[J]. Research Policy(5): 680-693.

[119] Jeyacheya J, Hampton M P, 2020. Wishful thinking or wise policy? Theorising tourism-led inclusive growth: Supply chains and host communities[J]. World Development(1): 1-12.

[120] Kahle H N, Dubiel A, Ernst H, et al., 2013. The democratizing effects of frugal innovation: Implications for inclusive growth and state-building[J]. Journal of Indian Business Research(4): 220-234.

[121] Kamah M, Riti J S, Bin P, 2021. Inclusive growth and environmental sustainability: The role of institutional quality in Sub-Saharan Africa[J]. Environmental Science and Pollution Research(26): 34885 - 34901.

[122] Kanbur R, Rauniyar G, 2010. Conceptualizing inclusive development: With applications to rural infrastructure and development assistance[J]. Journal of the Asia Pacific Economy(4): 437-454.

[123] Karamchandani A, Kubzansky M, Lalwani N, 2011. Is the bottom of the pyramid really for you? [J]. Harvard Business Review(3): 107-111.

[124] Karnani A, 2007a. Misfortune at the bottom of the pramid[J]. Greener Management International(51): 99-110.

[125] Karnani A, 2007b. The mirage of marketing to the bottom of the pyramid: How the private sector can help alleviate poverty[J]. California Management Review(4): 90-111.

[126] Karnani A, 2009. Romanticizing the poor harms the poor[J]. Journal of International Development(1): 76-86.

[127] Kayser O, Budinich V, 2015. Scaling Up Business Solutions to Social Problems: A Practical Guide for Social and Corporate Entrepreneurs[M]. New York: Springer.

[128] Khan R, 2016. How frugal innovation promotes social sustainability[J]. Sustainability(10): 1-29.

[129] Khanna T, Palepu K, 2000. The future of business groups in emerging markets: Long-run evidence from Chile[J]. Academy of Management Journal(3): 268-285.

[130] Kirchhoff B A, 1994. Entrepreneurship and Dynamic Capitalism: The Economics of Business Firm Formation and Growth[M]. Westport: Praeger Publishers.

[131] Kirzner I M, 1973. Competition and Entrepreneurship[M]. Chicago: University of Chicago press.

[132] Klasen S, 2010. Measuring and monitoring inclusive growth: Multiple definitions, open questions, and some constructive proposals[R]. Manila: Asia Development Bank.

[133] Klerkx L, Hall A, Leeuwis C, 2009. Strengthening agricultural innovation capacity: Are innovation brokers the answer? [J]. International Journal of Agricultural Resources Governance and Ecology(5/6): 409-438.

[134] Klingler-Vidra R, Liu Y, 2020. Inclusive innovation policy as social capital accumulation strategy[J]. International Affairs(4): 1033-1050.

[135] Knorringa P, Peša I, Leliveld A, et al., 2016. Frugal innovation and development: Aides or adversaries? [J]. The European Journal of Development Research(2): 143-153.

[136] Kolk A, Rivera-Santos M, Rufin C, 2014. Reviewing a decade of research on the "base/bottom of the pyramid" (BOP) concept[J]. Business & Society(3): 338-377.

[137] Krugman P R, 1991. Geography and Trade[M]. Boston: MIT Press.

[138] Lado A A, Boyd N G, Hanlon S C, 1997. Competition, cooperation, and the search for economic rents: A syncretic model[J]. Academy of Management Review(1): 110-141.

[139] Landrum N E, 2007. Advancing the "base of the pyramid" debate[J]. Strategic Management Review(1): 1-12.

[140] Lane P J, Lubatkin M, 1998. Relative absorptive capacity interorganisational learning[J]. Strategic Management Journal(5): 461-477.

[141] Leong C M, Pan S, Newell S, et al., 2016. The emergence of self-organizing e-commerce ecosystems in remote villages of China: A tale of digital empowerment for rural development [J]. MIS Quarterly (2): 475-484.

[142] Lin J Y, 2004. Development strategies for inclusive growth in developing Asia[J]. Asian Development Review(2): 1-27.

[143] Linna P, 2013. Bricolage as a means of innovating in a resource-scarce environment: A study of innovator-entrepreneurs at the BOP[J]. Journal of Developmental Entrepreneurship(3): 1-23.

[144] Liu C W, 2020. Return migration, online entrepreneurship and gender performance in the Chinese "Taobao families"[J]. Asia Pacific Viewpoint (3): 478-493.

[145] Lockett N, Brown D H, 2006. Aggregation and the role of trusted third parties in SME e-business engagement: A regional policy issue [J]. International Small Business Journal(4): 379-404.

[146] London T, Hart S L, 2004. Reinventing strategies for emerging markets: Beyond the transnational model [J]. Journal of International Business Studies(5): 350-370.

[147] London T, 2008. The base-of-the-pyramid perspective: A new approach to poverty alleviation [C]. Proceedings of 2008 Academy of Management Annual Meeting: 54-60.

[148] London T, Anupindi R, Sheth S, 2010. Creating mutual value: Lessons learned from ventures serving base of the pyramid producers[J]. Journal of Business Research(6): 582-594.

[149]Long J C, Cunningham F C, Braithwaite J, 2013. Bridges, brokers and boundary spanners in collaborative networks: A systematic review[J]. BMC Health Services Research(1): 1-13.

[150]Loutfy M A, 2009. World bank education project in the Middle East and North Africa region: Opportunities for inclusive development [D]. Washington D. C.: American University.

[151]Magretta J, 2002. Why business models matter[J]. Harvard Business Review(5): 86-93.

[152]Mahoney J T, Pandian J R, 1992. The resource-based view within the conversation of strategic management[J]. Strategic Management Journal (5): 363-380.

[153]Man W Y T, 2001. Entrepreneurial competencies and the performance of small and medium enterprises in the Hong Kong services sector[D]. Hong Kong: Hong Kong Polytechnic University.

[154]Marshall A, 1925. Principles of Economics[M]. London: MacMillan.

[155]Martinez J L, Carbonell M, 2007. Value at the bottom of the pyramid[J]. Business Strategy Review(3): 50-55.

[156]Martínez N, Dutrénit G, Gras N, et al., 2018. Actors, structural relations and causality in inclusive innovation: A telemedicine case in Mexico[J]. Innovar(70): 23-38.

[157]Mason K, Spring M, 2011. The sites and practices of business models[J]. Industrial Marketing Management(6): 1032-1041.

[158]Mason K, Chakrabarti R, 2017. The role of proximity in business model design: Making business models work for those at the bottom of the pyramid[J]. Industrial Marketing Management(1): 67-80.

[159]Mason K, Chakrabarti R, Singh R, 2017. Markets and marketing at the bottom of the pyramid[J]. Marketing Theory(3): 261-270.

[160]Massa L, Tucci C L, 2013. Business model innovation[M]// Dodgson

M, Gann D M, Phillips N, The Oxford Handbook of Innovation Management. Oxford: Oxford University Press: 420-441.

[161] Matos S, Silvestre B S, 2013. Managing stakeholder relations when developing sustainable business models: The case of the Brazilian energy sector[J]. Journal of Cleaner Production(1): 61-73.

[162] McClelland D C, 1961. The Achieving Society[M]. New York: MacMillan.

[163] McKinley T, 2010. Inclusive growth criteria and indicators: An inclusive growth index for diagnosis of country progress [R]. Manila: Asia Development Bank.

[164] McMullen J S, Bergman B J, 2017. Social entrepreneurship and the development paradox of prosocial motivation: A cautionary tale [J]. Strategic Entrepreneurship Journal(3): 243-270.

[165] Mei Y, Mao D, Lu Y, et al., 2020. Effects and mechanisms of rural e-commerce clusters on households' entrepreneurship behavior in China[J]. Growth and Change(4): 1588-1610.

[166] Meredith N, 1998. Assessment of implant stability as a prognostic determinant[J]. International Journal of Prosthodontics(5): 491-501.

[167] Merwe E V D, Grobbelaar S S, 2018. Systemic policy instruments for inclusive innovation systems: Case study of a maternal mHealth project in South Africa[J]. African Journal of Science, Technology, Innovation and Development(6): 665-682.

[168] Miles M B, Huberman A M, 1994. Qualitative Data Analysis: An Expanded Sourcebook[M]. Thousand Oaks: Sage Publications.

[169] Miotti L, Sachwald F, 2003. Co-operative R&D: Why and with whom? An integrated framework of analysis[J]. Research Policy(8): 1481-1499.

[170] Mitchell R K, Busenitz L, Lant T, et al., 2002. Toward a theory of entrepreneurial cognition: Rethinking the people side of entrepreneurship research[J]. Entrepreneurship Theory and Practice(2): 93-104.

[171] Mitchell T R, Daniels D, 2003. Motivation[M]// Borman W C, Ilgen D R, Klimoski R J, et al., Handbook of Psychology: Industrial and Organizational Psychology. New York: Wiley: 225-254.

[172] Molina-Morales F X, Martínez-Fernández M T, 2003. The impact of the industrial district affiliation on firm value creation[J]. European Planning Studies(2): 155-170.

[173] Molina-Morales F X, Martínez-Fernández M T, 2011. The under-exploration issue in territorial networks: The moderating effect of the involvement of supporting organisations [J]. Technology Analysis & Strategic Management(3): 263-278.

[174] Morris M, Schindehutte M, Allen J, 2005. The entrepreneur's business model: Toward a unified perspective[J]. Journal of Business Research (6): 726-735.

[175] Mortazavi S, Eslamib M H, Hajikhanic A, et al., 2021. Mapping inclusive innovation: A bibliometric study and literature review [J]. Journal of Business Research(1): 736-750.

[176] Nadvi K, Barrientos S, 2004. Industrial clusters and poverty reduction: Towards a methodology for poverty and social impact assessment of cluster development initiatives[R]. Vienna: United Nations Industrial Development Organization.

[177] Naik G, Joshi S, Basavaraj K, 2012. Fostering inclusive growth through e-governance embedded rural telecenters (EGERT) in India[J]. Government Information Quarterly(S1): 82-89.

[178] Nakata C, Weidner K, 2012. Enhancing new product adoption at the base of the pyramid: A contextualized model[J]. Journal of Product Innovation Management(1): 21-32.

[179] Newell P, 2008. CSR and the limits of capital[J]. Development Change (6): 1063-1078.

[180] Ngepah N, 2017. A review of theories and evidence of inclusive growth: An economic perspective for Africa[J]. Current Opinion in Environmental Sustainability(1): 52-57.

[181] Nunnally J C, 1978. Psychometric Theory[M]. New York: McGraw Hill.

[182] Ogunniyi A, Oluseyi O K, Adeyemi O, et al., 2017. Scaling up agricultural innovation for inclusive livelihood and productivity outcomes in Sub-Saharan Africa: The case of Nigeria [J]. African Development Review(S2): 121-134.

[183] Ojha A K, 2014. MNCs in India: Focus on frugal innovation[J]. Journal of Indian Business Research(1): 4-28.

[184] Olsen M, Boxenbaum E, 2009. Bottom-of-the-pyramid: Organizational barriers to implementation [J]. California Management Review (4): 100-125.

[185] Olson P D, Bosserman D A, 1984. Attributes of the entrepreneurial type[J]. Business Horizons(3): 53-56.

[186] Onsongo E, 2019. Institutional entrepreneurship and social innovation at the base of the pyramid: The case of M-Pesa in Kenya[J]. Industry and Innovation(4): 369-390.

[187] Osterwalder A, Pigneur Y, 2010. Business Model Generation: A Handbook for Visionaries, Game Changers, and Challengers[M]. Hoboken: John Wiley & Sons Inc.

[188] Oyinlola M A, Adedeji A A, Bolarinwa M O, et al., 2020. Governance, domestic resource mobilization, and inclusive growth in Sub-Saharan Africa[J]. Economic Analysis and Policy(1): 68-88.

[189] Pansera M, 2018. Frugal or fair? The unfulfilled promises of frugal innovation[J]. Technology Innovation Management Review(4): 6-13.

[190] Pansera M, Owen R, 2018. Framing inclusive innovation within the discourse of development: Insights from case studies in India [J].

Research Policy(1): 23-34.

[191] Patnaik J, Bhowmick B, 2020. Promise of inclusive innovation: A re-look into the opportunities at the grassroots[J]. Journal of Cleaner Production (1): 1-15.

[192] Pedrozo E, 2015. Proposition of BOP 3. 0 as an alternative model of business for BOP (base of pyramid) producers: Case study in Amazonia [M]// Loera M R C, Marjański A, The Challenges of Management in Turbulent Times: Global Issues from Local Perspective. Mexico: Universid de Occidente: 189-203.

[193] Pels J, Kidd T A, 2015. Business model innovation: Learning from a high-tech-low-fee medical healthcare model for the BOP[J]. International Journal of Pharmaceutical and Healthcare Marketing(3): 200-218.

[194] Penrose E T, 1959. The Theory of the Growth of the Firm[M]. New York: John Wiley.

[195] Peredo A M, Chrisman J J, 2006. Toward a theory of community-based enterprise[J]. Academy of Management Review(2): 309-328.

[196] Pettigrew A M, 1990. Longitudinal field research on change: Theory and practice[J]. Organization Science(3): 267-292.

[197] Pfeffer J, Salancik G, 1978. The External Control of Organizations: A Resource Dependence Perspective[M]. New York: Harper & Row.

[198] Phills J A, Deiglmeier K, Miller D T, 2008. Rediscovering social innovation[J]. Stanford Social Innovation Review(4): 34-43.

[199] Polak P, Warwick M, 2013. The Business Solution to Poverty: Designing Products and Services for Three Billion New Customers[M]. San Francisco: Berrett-Koehler Publishers.

[200] Politis D, 2005. The process of entrepreneurial learning: A conceptual framework[J]. Entrepreneurship Theory and Practice(4): 399-424.

[201] Porter M E, Kramer M R, 2006. Strategy and society[J]. Harvard

Business Review(12): 78-93.

[202] Pouw N, Gupta J, 2017. Inclusive development: A multi-disciplinary approach[J]. Current Opinion in Environmental Sustainability (1): 104-108.

[203] Prahalad C K, Hammond A, 2002. Serving the world's poor, profitably[J]. Harvard Business Review(9): 48-59.

[204] Prahalad C K, Hart S L, 2002. The fortune at the bottom of the pyramid[J]. Strategy + Business(26): 54-67.

[205] Prahalad C K, 2004. The Fortune at the Bottom of the Pyramid[M]. Upper Saddle River: Wharton School Publishing.

[206] Prahalad C K, Mashelkar R A, 2010. Innovation's holy grail[J]. Harvard Business Review(7/8): 132-141.

[207] Prasad K, 2018. Communication of inclusive innovation for sustainable development in India[M]// Prasad K, Communication, Culture and Ecology. Singapore: Springer: 173-186.

[208] Radjou N, Euchner J, 2016. The principles of frugal innovation: An interview with Navi Radjou[J]. Research-Technology Management(4): 13-19.

[209] Raheem I D, Isah K O, Adedeji A A, 2018. Inclusive growth, human capital development and natural resource rent in SSA[J]. Economic Change and Restructuring(1): 29-48.

[210] Ramos R A, Ranieri R, Lammens J W, 2013. Mapping inclusive growth[R]. Brasília: International Policy Centre for Inclusive Growth.

[211] Ramus T, Vaccaro A, 2017. Stakeholders matter: How social enterprises address mission drift[J]. Journal of Business Ethics(2): 307-322.

[212] Rao B C, 2019. The science underlying frugal innovations should not be frugal[J]. Royal Society Open Science(5): 1-8.

[213] Rauniyar G, Kanbur R, 2010. Inclusive growth and inclusive development:

A review and synthesis of Asian Development Bank literature[J]. Journal of the Asia Pacific Economy(4): 455-469.

[214]Rivera-Santos M, Rufin C, 2010. Global village vs. small town: Understanding networks at the base of the pyramid[J]. International Business Review(2): 126-139.

[215]Rosca E, Reedy J, Bendul J C, 2018. Does frugal innovation enable sustainable development? A systematic literature review[J]. The European Journal of Development Research(1): 136-157.

[216]Rusko R, 2011. Exploring the concept of coopetition: A typology for the strategic moves of the Finnish forest industry[J]. Industrial Marketing Management(2): 311-320.

[217]Sanchez P, Ricart J E, 2010. Business model innovation and sources of value creation in low-income markets[J]. European Management Review (3): 138-154.

[218]Schillo R S, Robinson R M, 2017. Inclusive innovation in developed countries: The who, what, why, and how[J]. Technology Innovation Management Review(7): 34-46.

[219]Schumpeter J A, 1934. The Theory of Economic Development: An Inquiry into Profits, Capital, Credit, Interest, and the Business Cycle[M]. Cambridge: Harvard University Press.

[220]Scott I, 2017. A business model for success: Enterprises serving the base of the pyramid with off-grid solar lighting[J]. Renewable & Sustainable Energy Reviews(50-55.

[221]Sharma G, Kumar H, 2019. Commercialising innovations from the informal economy: The grassroots innovation ecosystem in India[J]. South Asian Journal of Business Studies(1): 40-61.

[222]Sharmelly R, Ray P K, 2018. The role of frugal innovation and collaborative ecosystems: The case of Hyundai in India[J]. Journal of

General Management(4): 157-174.

[223]Shearer R, Berube A, 2017. The surprisingly short list of US metro areas achieving inclusive economic growth[R]. Washington D. C.: Brookings Institution.

[224]Simanis E, Hart S, Duke D, 2008. The base of the pyramid protocol: Toward next generation BOP strategy[J]. Innovations: Technology, Governance, Globalization(1): 57-84.

[225]Simanis E, 2011. Needs, needs, everywhere, but not a BOP market to tap[M]// London T, Hart S L, Next Generation Business Strategies for the Base of the Pyramid: New Approaches for Building Mutual Value. Upper Saddle River: Financial Times Press: 103-126.

[226]Singh R, Gupta V, Mondal A, 2012. Jugaad - From "making do" and "quick fix" to an innovative, sustainable and low-cost survival strategy at the bottom of the pyramid[J]. International Journal of Rural Management (1/2): 87-105.

[227]Soni P, Krishnan R T, 2014. Frugal innovation: Aligning theory, practice, and public policy[J]. Journal of Indian Business Research(1): 29-47.

[228]Stephens H, Partridge M, Faggian A, 2013. Innovation, entrepreneurship and economic growth in lagging regions[J]. Journal of Regional Science (5): 778-812.

[229]Subrahmanyan S, Gomez-Arias J T, 2008. Integrated approach to understanding consumer behavior at bottom of pyramid[J]. Journal of Consumer Marketing(7): 402-412.

[230]Swaans K, Boogaard B, Bendapudi R, et al., 2014. Operationalizing inclusive innovation: Lessons from innovation platforms in livestock value chains in India and Mozambique[J]. Innovation and Development(2): 239-257.

[231]Teece D J, 2010. Business models, business strategy and innovation[J].

Long Range Planning(2/3): 172-194.

[232]Tella S A, Alimi O Y, 2016. Determinants of inclusive growth in Africa: Role of health and demographic changes[J]. African Journal of Economic Review(2): 138-146.

[233]Themaat T V L, Schutte C S L, Lutters D, et al., 2013. Designing a framework to design a business model for the "bottom of the pyramid" population[J]. South African Journal of Industrial Engineering(3): 190-204.

[234]Thompson J D, MacMillan I C, 2010. Business models: Creating new markets and societal wealth[J]. Long Range Planning(2/3): 291-307.

[235]Tulder R V, Tilburg R, Francken M, et al., 2013. Managing the Transition to a Sustainable Enterprise: Lessons from Frontrunner Companies[M]. London: Routledge.

[236]United Nations, 2014. Innovation policy tools for inclusive development[R]. New York: United Nations.

[237]United Nations Development Programme, 2017. UNDP's strategy for inclusive and sustainable growth[R]. New York: United Nations Development Programme.

[238]Varadarajan R, 2014. Toward sustainability: Public policy global social innovations for base-of-the-pyramid markets, and demarketing for a better world[J]. Journal of International Marketing(2): 1-20.

[239]Vassallo J P, Prabhu J C, Banerjee S, et al., 2019. The role of hybrid organizations in scaling social innovations in bottom-of-the-pyramid markets: Insights from microfinance in India[J]. Journal of Product Innovation Management(6): 744-763.

[240]Viswanathan M, Rosa J A, Ruth J A, 2010. Exchanges in marketing systems: The case of subsistence consumer-merchants in Chennai, India[J]. Journal of Marketing(3): 1-17.

[241] Voeten J, Naudé W, 2014. Regulating the negative externalities of enterprise cluster innovations: Lessons from Vietnam[J]. Innovation and Development(2): 203-219.

[242] Waeyenberg S, Hens L, 2012. Overcoming institutional distance: Expansion to base-of-the-pyramid markets[J]. Journal of Business Research(12): 1692-1699.

[243] World Bank, 2006. World Development Report 2006: Equity and Development[M]. New York: Oxford University Press.

[244] Webb J W, Ireland R D, Hitt M A, et al., 2011. Where is the opportunity without the customer? An integration of marketing activities, the entrepreneurship process, and institutional theory[J]. Journal of the Academy of Marketing Science(4): 537-554.

[245] Weyrauch T, Herstatt C, 2017. What is frugal innovation? Three defining criteria[J]. Journal of frugal innovation(1): 1-17.

[246] Whajah J, Bokpin G A, Kuttu S, 2019. Government size, public debt and inclusive growth in Africa[J]. Research in International Business (1): 225-240.

[247] Wheeler D, McKague K, Thomson J, et al., 2005. Creating sustainable local enterprise networks[J]. MIT Sloan Management Review(1): 33-40.

[248] Xu J M, Wang Y W, Li W P, 2015. Effects on peasant incomes of agricultural enterprises: Evidence from the "natural experiment" of the special zone for agricultural enterprises in Zhangpu County, Fujian Province[J]. Rural China(1): 134-155.

[249] Yin R K, 1994. Case Study Research: Design and Methods[M]. Thousand Oaks: Sage.

[250] Yue L, Pan S L, Tan B, et al., 2015. Digitally enabled social innovation: A case study of community empowerment in rural China[C]. Proceedings of 2015 International Conference on Information Systems:

56-68.

[251] Yunus M, Moingeon B, Lehmann-Ortega L, 2010. Building social business models: Lessons from the grameen experience[J]. Long Range Planning(2/3): 308-325.

[252] Yurdakul D, Atik D, Dholakia N, 2017. Redefining the bottom of the pyramid from a marketing perspective [J]. Marketing Theory (3): 289-303.

[253] Zeng Y, Guo H, Yao Y, et al., 2019. The formation of agricultural e-commerce clusters: A case from China[J]. Growth and Change(4): 1356-1374.

[254] Zeschky M, Widenmayer B, Gassmann O, 2011. Frugal innovation in emerging markets: The case of Mettler Toledo[J]. Research-Technology Management(4): 38-45.

[255] Zhou J, Yang Z, Gao W, 2017. Development characteristics and mechanism of Taobao Villages in Jiangsu Province under e-commerce economy[J]. China City Planning Review(4): 42-48.

[256] Zhuang J, 2008. Inclusive growth toward a harmonious society in the People's Republic of China: Policy implications[J]. Asian Development Review(1): 22-33.

[257] Zhuang J, 2010. Poverty, Inequality, and Inclusive Growth in Asia: Measurement, Policy Issues, and Country Studies[M]. London: Anthem Press.

[258] Zott C, Amit R, 2010. Business model design: An activity system perspective[J]. Long Range Planning(2/3): 216-226.

[259] Zott C, Amit R, Massa L, 2011. The business model: Recent developments and future research[J]. Journal of Management(4): 1019-1042.

[260] 阿里新乡村研究中心，南京大学空间规划研究中心，2018. 中国淘宝村发展报告(2014—2018)[R]. 杭州：阿里研究院.

[261]阿里研究院，南京大学空间规划研究中心，浙江大学中国农村发展研究院，等，2019. 中国淘宝村研究报告(2009—2019)[R]. 杭州：阿里研究院.

[262]阿里研究院，南京大学空间规划研究中心，2021. 2021 年淘宝村名单出炉 全国淘宝村数量已突破 7000[EB/OL]. [2021-10-12]. http://www.aliresearch.com/ch/information/informationdetails? articleCode = 256317657652006912&type = %E6%96%B0%E9%97%BB.

[263]蔡荣鑫，2009. "包容性增长"理念的形成及其政策内涵[J]. 经济学家(1)：102-104.

[264]曾繁华，侯晓东，2016. 包容性创新驱动武汉经济发展指标构建与实证分析[J]. 科技进步与对策(5)：45-50.

[265]曾亿武，邱东茂，沈逸婷，等，2015. 淘宝村形成过程研究：以东风村和军埔村为例[J]. 经济地理(12)：90-97.

[266]曾亿武，郭红东，2016a. 农产品淘宝村形成机理：一个多案例研究[J]. 农业经济问题(4)：39-48.

[267]曾亿武，郭红东，2016b. 电子商务协会促进淘宝村发展的机理及其运行机制——以广东省揭阳市军埔村的实践为例[J]. 中国农村经济(6)：51-60.

[268]曾亿武，蔡谨静，郭红东，2020. 中国"淘宝村"研究：一个文献综述[J]. 农业经济问题(3)：102-111.

[269]陈灿煌，2017. 新常态下包容性创新与精准扶贫融合的内在逻辑与实践路径[J]. 湖南财政经济学院学报(4)：30-36.

[270]陈红蕾，覃伟芳，2014. 中国经济的包容性增长：基于包容性全要素生产率视角的解释[J]. 中国工业经济(1)：18-30.

[271]陈元志，吉超，2019. 包容性创新的研究现状、热点和趋势——基于文献计量学的视角[J]. 中国科技论坛(6)：40-47.

[272]程博，2010. 中国中小企业企业家能力与企业投资行为关系及其实证研究[J]. 科学学与科学技术管理(2)：168-172.

[273]池仁勇，乐乐，2017．基于产业集群理论的淘宝村微生态系统研究[J]．浙江工业大学学报(4)：383-389.

[274]崔丽丽，王骊静，王井泉，2014．社会创新因素促进“淘宝村”电子商务发展的实证分析——以浙江丽水为例[J]．中国农村经济(12)：50-60.

[275]崔瑜，焦豪，2009．企业家学习对动态能力的影响机制研究——基于企业家能力理论的视角[J]．科学学研究(S2)：403-410.

[276]邓华，李光金，2017．互联网时代包容性创业企业商业模式构建机制研究[J]．中国科技论坛(6)：24-29.

[277]董坤祥，侯文华，丁慧平，等，2016．创新导向的农村电商集群发展研究——基于遂昌模式和沙集模式的分析[J]．农业经济问题(10)：60-69.

[278]杜松华，徐嘉泓，罗子婵，等，2018．金字塔底层可持续商业模式构建分析——基于粤东北地区的多案例研究[J]．管理评论(9)：292-304.

[279]杜志雄，肖卫东，詹琳，2010．包容性增长理论的脉络、要义与政策内涵[J]．中国农村经济(11)：4-14.

[280]范建双，虞晓芬，周琳，2018．城镇化、城乡差距与中国经济的包容性增长[J]．数量经济技术经济研究(4)：41-60.

[281]范轶琳，吴晓波，2011．包容性增长研究述评[J]．经济管理(9)：180-184.

[282]范轶琳，黄灿，张紫涵，2015．BOP电商包容性创新案例研究——社会中介视角[J]．科学学研究(11)：1740-1748.

[283]范轶琳，2016．产业集群背景下中小企业包容性增长的内在机理研究：浙江实证[M]．杭州：浙江大学出版社.

[284]范轶琳，姚明明，吴卫芬，2018．中国淘宝村包容性创新的模式与机理研究[J]．农业经济问题(12)：118-127.

[285]范轶琳，姚明明，2019．农村网商包容性创新绩效测评研究——基于31

省的经验数据[J]. 浙江树人大学学报(人文社会科学)(4)：31-38.
[286]范轶琳，吴东，黎日荣，2021. 包容性创新模式演化——基于淘宝村的纵向案例研究[J]. 南开管理评论(2)：195-203.
[287]高太山，柳卸林，周江华，2014. 中国区域包容性创新绩效测度——理论模型与实证检验[J]. 科学学研究(4)：613-621.
[288]耿帅，2005. 基于共享性资源观的集群企业竞争优势研究[D]. 杭州：浙江大学.
[289]谷盟，魏泽龙，2015. 中国转型背景下创新包容性、双元创新与市场绩效的关系研究[J]. 研究与发展管理(6)：107-115.
[290]谷盟，弋亚群，王栋晗，2021. 创新包容性与商业模式设计的关系研究[J]. 管理学报(4)：549-577.
[291]顾淑林，2015. 包容性创新和淘宝村现象：电子商务与中国农村社区嵌入型创业[J]. 经济导刊(9)：65-73.
[292]郭承龙，2015. 农村电子商务模式探析——基于淘宝村的调研[J]. 经济体制改革(5)：110-115.
[293]郭咏琳，周延风，2021. 从外部帮扶到内生驱动：少数民族 BOP 实现包容性创新的案例研究[J]. 管理世界(4)：159-179.
[294]侯杰泰，温忠麟，成子娟，2004. 结构方程模型及其应用[M]. 北京：经济科学出版社.
[295]胡育蓉，齐结斌，2016. 对外开放、空间溢出和包容性增长[J]. 国际贸易问题(4)：3-14.
[296]吉瑞，2013. 交易成本、政策选择与包容性创新[J]. 财经问题研究(4)：11-14.
[297]简子菡，李凌子，丁志伟，2020. “闪讯”模式下淘宝村形成过程与驱动机制研究——以河南省西峡县双龙村为例[J]. 河南大学学报(自然科学版)(3)：269-280.
[298]江诗松，龚丽敏，魏江，2011. 转型经济背景下后发企业的能力追赶：一个共演模型——以吉利集团为例[J]. 管理世界(4)：122-137.

[299]李刚，2011. “包容性增长”的学源基础、理论框架及其政策指向[J]. 经济学家(7)：12-20.

[300]李红玲，张晓晓，2018. 中西部地区淘宝村发展的关键路径研究[J]. 科学学研究(12)：2250-2258.

[301]李红玲，何馨，张晓晓，2020. 中国淘宝村发展中的政府行为研究：包容性创新理论和政策文本分析视角[J]. 科研管理(4)：75-84.

[302]李怀祖，2004. 管理研究方法[M]. 西安：西安交通大学出版社.

[303]李玲，陶厚永，2016. 包容性创新环境指标体系构建及区域比较[J]. 科技进步与对策(24)：116-123.

[304]李新春，丘海雄，2002. 企业家精神、企业家能力与企业成长——“企业家理论与企业成长国际研讨会”综述[J]. 经济研究(1)：89-92.

[305]联合国,2020. 纪念联合国成立 75 周年宣言[EB/OL]. [2020-9-21]. https://www.un.org/zh/documents/treaty/A-RES-75-1.

[306]梁强，邹立凯，王博，等，2016a. 关系嵌入与创业集群发展：基于揭阳市军埔淘宝村的案例研究[J]. 管理学报(8)：1125-1134.

[307]梁强，邹立凯，杨学儒，等，2016b. 政府支持对包容性创业的影响机制研究——基于揭阳军埔农村电商创业集群的案例分析[J]. 南方经济(1)：42-56.

[308]梁强，邹立凯，宋丽红，等，2017. 组织印记、生态位与新创企业成长——基于组织生态学视角的质性研究[J]. 管理世界(6)：141-154.

[309]刘杰，郑风田，2011. 社会网络、个人职业选择与地区创业集聚——基于东风村的案例研究[J]. 管理世界(6)：132-141.

[310]刘巨钦，2007. 论资源与企业集群的竞争优势[J]. 管理世界(1)：164-165.

[311]刘琳琳，2013. 包容性创新的理论与政策研究[J]. 科学管理研究(1)：18-20.

[312]刘培林，钱滔，黄先海，等，2021. 共同富裕的内涵、实现路径与测度方法[J]. 管理世界(8)：117-129.

[313]刘旭红，揭筱纹，2018. 基于因子分析和 Malmquist 指数的中国区域包容性创新效率评价研究[J]. 宏观经济研究(2)：140-167.

[314]刘亚军，2017. 互联网条件下的自发式包容性增长——基于一个“淘宝村”的纵向案例研究[J]. 社会科学(10)：46-60.

[315]刘亚军，储新民，2017. 中国“淘宝村”的产业演化研究[J]. 中国软科学(2)：29-36.

[316]刘亚军，2018. 互联网使能、金字塔底层创业促进内生包容性增长的双案例研究[J]. 管理学报(12)：1761-1771.

[317]刘亚军，2020. “淘宝村”背景下自发式农村电子商务的商业模式创新性复制研究[M]. 北京：中国社会出版社.

[318]龙立荣，方俐洛，凌文辁，2002. 企业员工自我职业生涯管理的结构及关系[J]. 心理学报(2)：183-191.

[319]罗明忠，陈明，2014. 人格特质、创业学习与农民创业绩效[J]. 中国农村经济(10)：62-75.

[320]罗震东，2020. 新自下而上城镇化：中国淘宝村的发展与治理[M]. 南京：东南大学出版社.

[321]马庆国，2008. 管理科学研究方法[M]. 北京：高等教育出版社.

[322]梅燕，蒋雨清，2020. 乡村振兴背景下农村电商产业集聚与区域经济协同发展机制——基于产业集群生命周期理论的多案例研究[J]. 中国农村经济(6)：56-74.

[323]苗青，王重鸣，2003. 企业家能力：理论、结构与实践[J]. 重庆大学学报(社会科学版)(1)：129-131.

[324]苗青，2005. 基于认知观的创业过程研究[J]. 心理科学(5)：1274-1276.

[325]聂召英，王伊欢，2021. 链接与断裂：小农户与互联网市场衔接机制研究——以农村电商的生产经营实践为例[J]. 农业经济问题(1)：132-143.

[326]牛华，毕汝月，蒋楚钰，2020. 中国企业对外直接投资与“一带一路”

沿线国家包容性增长[J]. 经济学家(8): 59-69.

[327]潘劲平, 王艺璇, 2020. 技术的社会嵌入:农产品淘宝村形成机制研究——基于W村的实证分析[J]. 西南大学学报(社会科学版)(1): 61-68.

[328]千庆兰, 陈颖彪, 刘素娴, 等, 2017. 淘宝镇的发展特征与形成机制解析——基于广州新塘镇的实证研究[J]. 地理科学(7): 1040-1048.

[329]秦佳良, 张玉臣, 贺明华, 2018. 互联网知识溢出对包容性创新的影响[J]. 中国科技论坛(5): 11-22.

[330]阮建青, 石琦, 张晓波, 2014. 产业集群动态演化规律与地方政府政策[J]. 管理世界(12): 79-91.

[331]邵希, 邢小强, 仝允桓, 2011. 包容性区域创新体系研究[J]. 中国人口资源与环境(6): 24-30.

[332]盛小芳, 欧阳蛲, 2018. 区域包容性创新的甄别及其绩效指标构建[J]. 改革(1): 128-138.

[333]舒林, 2018. "淘宝村"发展的动力机制、困境及对策[J]. 经济体制改革(3): 79-84.

[334]田宇, 杨艳玲, 卢芬芬, 2016. 欠发达地区本地能力、社会嵌入与商业模式构建分析——基于武陵山片区的多案例研究[J]. 南开管理评论(1): 108-119.

[335]汪向东, 梁春晓, 2014. "新三农"与电子商务[M]. 北京: 中国农业科学技术出版社.

[336]王皓白, 2010. 社会创业动机、机会识别与决策机制研究[D]. 杭州: 浙江大学.

[337]王倩, 2015. 淘宝村的演变路径及其动力机制:多案例研究[D]. 南京: 南京大学.

[338]王庆喜, 2007. 民营企业家能力内在结构探析[J]. 科学学研究(1): 79-84.

[339]王晓莉, 2010. 研究生的成就动机与创业学习:创业价值观的中介作

用[D]. 开封：河南大学.
[340]魏江，沈璞，樊培仁，2005. 基于企业家网络的企业家学习过程模式剖析[J]. 浙江大学学报(人文社会科学版)(2)：150-157.
[341]魏婕，任保平，2011. 中国经济增长包容性的测度:1978—2009[J]. 中国工业经济(12)：5-14.
[342]温忠麟，侯杰泰，张雷，2005. 调节效应与中介效应的比较和应用[J]. 心理学报(2)：268-274.
[343]文雁兵，2015. 包容性增长减贫策略研究[J]. 经济学家(4)：82-90.
[344]吴晓波，姜雁斌，2012. 包容性创新理论框架的构建[J]. 系统管理学报(6)：736-747.
[345]项保华，张建东，2005. 案例研究方法和战略管理研究[J]. 自然辩证法通讯(5)：62-66.
[346]邢小强，周江华，仝允桓，2010. 面向金字塔底层的包容性创新系统研究[J]. 科学学与科学技术管理(11)：27-32.
[347]邢小强，仝允桓，陈晓鹏，2011. 金字塔底层市场的商业模式:一个多案例研究[J]. 管理世界(10)：108-124.
[348]邢小强，周江华，仝允桓，2013. 包容性创新:概念、特征与关键成功因素[J]. 科学学研究(6)：923-931.
[349]邢小强，彭瑞梅，仝允桓，2014. 金字塔底层市场的跨部门合作网络研究述评[J]. 华东经济管理(8)：143-148.
[350]邢小强，周江华，仝允桓，2015a. 包容性创新:研究综述及政策建议[J]. 科研管理(9)：11-18.
[351]邢小强，薛飞，涂俊，2015b. 包容性创新理论溯源、主要特征与研究框架[J]. 科技进步与对策(4)：1-5.
[352]邢小强，赵鹤，2016. 面向金字塔底层的包容性创新政策研究[J]. 科学学与科学技术管理(11)：3-10.
[353]邢小强，周平录，张竹，等，2019. 数字技术、BOP 商业模式创新与包容性市场构建[J]. 管理世界(12)：116-136.

[354]邢小强，汤新慧，王珏，等，2021. 数字平台履责与共享价值创造——基于字节跳动扶贫的案例研究[J]. 管理世界(12)：152-175.
[355]徐智邦，王中辉，周亮，等，2017. 中国“淘宝村”的空间分布特征及驱动因素分析[J]. 经济地理(1)：107-114.
[356]严飞，2006. 中小企业集群研究[D]. 武汉：华中科技大学.
[357]于海云，汪长玉，赵增耀，2018. 乡村电商创业集聚的动因及机理研究——以江苏沭阳“淘宝村”为例[J]. 经济管理(12)：39-54.
[358]湛泳，王恬，2015. 中国经济转型背景的包容性创新[J]. 改革(11)：54-65.
[359]湛泳，徐乐，王恬，2017. 包容性创新推动区域经济增长的路径研究——基于跨越“中等收入陷阱”的视角[J]. 研究与发展管理(1)：75-85.
[360]张宸，周耿，2019. 淘宝村产业集聚的形成和发展机制研究[J]. 农业经济问题(4)：108-117.
[361]张利平，高旭东，仝允桓，2011. 社会嵌入与企业面向BOP的商业模式创新——一个多案例研究[J]. 科学学研究(11)：1744-1752.
[362]张庆民，孙树垒，吴士亮，等，2019. 淘宝村农户网商群体持续成长演化研究[J]. 农业技术经济(1)：121-134.
[363]张勋，万广华，张佳佳，等，2019. 数字经济、普惠金融与包容性增长[J]. 经济研究(8)：71-86.
[364]张英男，龙花楼，屠爽爽，等，2019. 电子商务影响下的“淘宝村”乡村重构多维度分析——以湖北省十堰市郧西县下营村为例[J]. 地理科学(6)：947-956.
[365]赵武，孙永康，朱明宣，等，2014. 包容性创新：演进、机理及路径选择[J]. 科技进步与对策(6)：6-10.
[366]浙江大学管理学院包容性创新课题组，2014. 包容性创新和增长：中国涉农电子商务发展研究[R]. 杭州：浙江大学管理学院包容性创新课题组.
[367]中国科学技术发展战略研究院，2015. 中国的包容性创新[M]. 北

京：科学技术文献出版社.

[368]周浩，龙立荣，2004. 共同方法偏差的统计检验与控制方法[J]. 心理科学进展(6)：942-950.

[369]周嘉礼，2017. 广州市里仁洞“淘宝村”的空间演变研究[D]. 广州：华南理工大学.

[370]周江华，仝允桓，李纪珍，2012. 基于金字塔底层(BOP)市场的破坏性创新——针对山寨手机行业的案例研究[J]. 管理世界(2)：112-130.

[371]周文，孙懿，2011. 包容性增长与中国农村改革的现实逻辑[J]. 经济学动态(6)：82-86.

[372]周应恒，刘常瑜，2018. “淘宝村”农户电商创业集聚现象的成因探究——基于沙集镇和颜集镇的调研[J]. 南方经济(1)：62-84.

[373]祝君红，朱立伟，黄新飞，2017. 包容性创新视角下淘宝村形成因素及动力分析[J]. 武汉商学院学报(2)：71-75.

[374]庄子银，2005. 企业家精神、持续技术创新和长期经济增长的微观机制[J]. 世界经济(12)：32-43.

附录1　访谈提纲

一、淘宝村网商

1. 您何时开始从事电商行业？什么因素和契机驱动您进入电商行业？

2. 本地是否有电商行业协会？如有，何时成立？目前发挥了哪些作用？

3. 本地是否有电商产业园区？如有，何时建成？目前发挥了哪些作用？

4. 地方政府对您的电商经营活动有帮助吗？如有，体现在哪些方面？

5. 您经营网店之后通过哪些渠道提升学习能力？

6. 您如何应对外部竞争？是否与同行进行合作？

7. 近年来您感觉外部的市场机会有何变化趋势？

8. 本地上榜淘宝村对您的网店有何影响？您个人的经济收入与福利增加了吗？

9. 目前网店经营面临哪些困难？

二、村委

1. 请简单介绍本村的基本情况。

2. 本地发展电商前相关产业基础如何？道路、宽带、物流等基础设施情况如何？

3. 村内最早的淘宝店是谁开的？请简单介绍一下淘宝村的发展历史。

4. 村内本地网商占比几成？是否以大学生和返乡务工者为主？

5. 近三年本村网商数量及销售额发展趋势如何？溢出效应如何（周边同类淘宝村情况）？

三、地方政府

1. 本地淘宝村发展可划分为几个阶段？每个阶段的典型特征是什么？有哪些关键性事件？

2. 每个阶段本地的创业氛围有何变化？

3. 每个阶段政府的政策有何变化？

4. 每个阶段淘宝村发展的瓶颈是什么？如何解决？

5. 政府对淘宝村未来发展有何规划？

四、电子商务服务商

1. 请简单介绍贵公司的发展历史。

2. 贵公司何时与地方政府合作？合作的背景与契机是什么？

2. 贵公司与地方政府合作的形式有哪些？

3. 贵公司何时入驻（案例）淘宝村？请简单介绍贵公司目前入驻（案例）淘宝村的基本情况。

4. 贵公司服务淘宝村过程中最大的困难是什么？对未来发展有何设想？

5. 假设贵公司目前撤离淘宝村，本地网店是否能独立生存？

附录2 调查问卷

中国淘宝村包容性创新模式的绩效研究调查问卷①

尊敬的网商,您好！本问卷是国家哲学社会科学研究项目《中国淘宝村包容性创新模式、机理及演化路径研究》(项目编号18BGL035)的内容之一,旨在深入了解中国淘宝村包容性创新模式的绩效问题。问卷仅供学术研究,内容不涉及任何商业机密,所获信息绝不外泄,亦不用于任何商业目的,请您放心并尽可能客观地回答。恳请您花几分钟时间填答问卷,您的回答对我们的研究非常重要,诚挚感谢您的合作！

注:本问卷的发放对象为淘宝村内的网店所有者(或主要经营者),如您不是,请勿填答此问卷,再次感谢您的合作！

一、基本信息

1. 地点:________省________市________县(市、区)________村(行政村)

2. 本村主要网销________产品

3. 手机号码:________

4. 性别:□男 □女

5. 出生年份(公历):________

6. 受教育程度:□初中及以下 □高中或中专 □大专或本科 □研究生

7. 您在________年开设网店

8. 您在开网店以前,是否有过创业经历?□是 □否

①此份为修正了反向题和题项乱序排列(程序控制以减少共同方法偏差)之后的问卷。

9. 您在开网店以前,是否参加过政府组织的电商培训? □是 □否

10. 您对政府在本地电商发展过程中的作用评价是:□很差 □差 □一般 □好 □很好

二、企业家精神

创新性

11. 您总是有源源不绝的创意

□非常不同意 □不同意 □一般 □同意 □非常同意

12. 您喜欢用创新的方法解决问题

□非常不同意 □不同意 □一般 □同意 □非常同意

13. 您强调产品设计的创新程度

□非常不同意 □不同意 □一般 □同意 □非常同意

主动性

14. 面对竞争者您能主动采取攻击行动而非被动回应(EFA 删除)

□非常不同意 □不同意 □一般 □同意 □非常同意

15. 您能主动制订可以改变市场行情的策略(EFA 删除)

□非常不同意 □不同意 □一般 □同意 □非常同意

16. 您能主动应对面临的外部挑战(EFA 删除)

□非常不同意 □不同意 □一般 □同意 □非常同意

冒险性

17. 您愿意为较高的收益承担较高的风险

□非常不同意 □不同意 □一般 □同意 □非常同意

18. 您对未来的不确定性有高度的承受力

□非常不同意 □不同意 □一般 □同意 □非常同意

19. 您能接受亏损和产品囤积等状况

□非常不同意 □不同意 □一般 □同意 □非常同意

三、学习能力

20. 您能主动地学习

□非常不同意 □不同意 □一般 □同意 □非常同意

21. 您能通过多种途径进行学习

□非常不同意 □不同意 □一般 □同意 □非常同意

22. 您能将所学的知识应用于实践

□非常不同意 □不同意 □一般 □同意 □非常同意

23. 您能深入学习本行业的专业知识

□非常不同意 □不同意 □一般 □同意 □非常同意

24. 您能不断更新本行业的专业知识

□非常不同意 □不同意 □一般 □同意 □非常同意

四、淘宝村包容性创新

福利增长

25. 与经营网店之前相比,您现在的收入水平有了明显增长

□非常不同意 □不同意 □一般 □同意 □非常同意

26. 与经营网店之前相比,您现在的社会地位有了明显提升(EFA 删除)

□非常不同意 □不同意 □一般 □同意 □非常同意

27. 与经营网店之前相比,您现在的住房条件有了明显改善

□非常不同意 □不同意 □一般 □同意 □非常同意

机会创造

28. 与经营网店之前相比,您现在有更多的机会获取所需资源

□非常不同意 □不同意 □一般 □同意 □非常同意

29. 与经营网店之前相比,您现在有更多的发展机会

□非常不同意 □不同意 □一般 □同意 □非常同意

30. 与经营网店之前相比,您现在有更多的机会享受政策红利

□非常不同意 □不同意 □一般 □同意 □非常同意

感谢您的合作,祝您生意兴隆!

附录 3　案例分析典型例证

表 1　各变量构成要素典型例证(部分)

变量	典型例证	要素归纳
内生状态	“原来我们旧村改造完以后,房子比较好出租,因为中国小商品城离我们村很近,2008 年国际商贸城搬到福田那边去了,离我们村有八九公里,那一年的话很多房子空置。当时我们村两委考虑的是先引进一个产业,减少村民房子的空置率,增加他们的收入,是这个出发点”——青岩刘村党支部书记 M(青岩刘村案例)	模式Ⅰ:农村社会特性、农民特性、创新资源禀赋
	“村里 465 户 1890 来口人,从 1985 年开始精梳山羊绒、绵羊绒和貂绒,到了 1994 年村里的东高集团开始纺纱织衫做深加工。从前村里有 80% ~90% 的户都梳绒,后来发展纺纱,纺纱以后织衫,到现在淘宝做电商,同村的一传一看一学,都来创业”——东高庄村会计 S(东高庄村案例)	
	“临安种植山核桃的就是我们两昌地区,昌化、昌北这两块区域,我们主要从周边乡镇收购,然后再委托有资质的加工企业加工,我们做的就是网上销售”——白牛村电商协会工作人员 J(白牛村案例)	
	“我们这里跟别的地方不一样,以前是什么产业都没有,既不产家具,又不产木材,快递以前也没有,完全是因为苏北这边的农民太穷了,有几个从电子商务赚了钱之后,加上我们这边的人吃苦耐劳,大家有不断向上的竞争意识,促使这个地方发展,很多地方模仿不了,因为每个地方人文特点不一样”——东风村网商 W(东风村案例)	模式Ⅱ:农村社会特性、农民特性
	“20 世纪 80 年代到 90 年代初,我们村里大部分人都在外地做缙云烧饼,我那时候也卖烧饼,等到小孩大了才回老家,学着做电商”——北山村网商 N(北山村案例)	
	“我们大集镇位于曹县东南部,以前是传统的农业镇,村民收入主要来自农业或外出打工”——丁楼村网商 L1(丁楼村案例)	
	“庞村镇钢制家具产业始于 20 世纪 80 年代,目前是中国钢制家具产业基地、中国家具行业优秀产业集群和河南省最大的钢制家具出口基地,产品包括九大类 1000 余个品种”——庞村镇钢制家具电商孵化基地工作人员 W(掘山村案例)	模式Ⅳ:农村社会特性、农民特性、创新资源禀赋

续表

<table>
<tr><th>变量</th><th>典型例证</th><th>要素归纳</th></tr>
<tr><td rowspan="2">内生状态</td><td>“我们村有6000多人，牡丹画产业发展也是历经好多年，最早从20世纪80年代的汉园书画院开始，到2009年开建牡丹画产业园，再到2016年引入闪讯电子科技，通过培训打造标杆网商来带动电商创业，因为农民是不见兔子不撒鹰，只有看到身边有人赚到钱了，才会参与进来，一路发展到现在基本达到规模化产业化”——汉园书画院副院长G(平乐村案例)</td><td rowspan="2"></td></tr>
<tr><td>“清朝末年在修建陇海铁路洛阳段时出土了唐三彩，我们这边艺人开始修补文物，然后到我父亲那个年代，就是20世纪60年代，国家出了政策，在这个地方派几个老艺人把唐三彩技艺搞出来。70年代村里成立唐三彩仿制厂，发展到现在有70多家唐三彩生产企业”——南石山村网商G(南石山村案例)</td></tr>
<tr><td rowspan="6">包容性创新驱动因素</td><td>“2008年我们感觉电子商务是个朝阳产业，就和义乌工商职业技术学院合作，把创业学院的学生引进到村里做电商，当年就有100多名在校学生到我们村里租房子做淘宝。这100多名学生是我们村里最早的一批淘宝网商”——青岩刘村党支部书记M(青岩刘村案例)</td><td rowspan="3">模式Ⅰ：企业家精神、(市场)机会牵引</td></tr>
<tr><td>“咱村在2006年出了一个刘玉国，初中毕业爱泡网吧，精通网上的那些事，他听一个叔伯兄弟说，你光玩，听说网上能卖钱，你试试吧。于是找人给他介绍一下网上的事，就开始在网上卖东西。头一次卖的是羊绒裤、羊绒衫，卖了一段，挣了几万块钱，尝到了甜头以后，开始卖纱。看到刘玉国挣钱以后，村里刚毕业的年轻人，都模仿他，到他那去学，东高庄村就发展起来了”——东高庄村会计S(东高庄村案例)</td></tr>
<tr><td>“村里第一家网店是山里福娃，他家老板的老婆有个弟弟，大学毕业以后在杭州做外贸，2006年回来过年，说姐姐你们明年不要到外面去卖山核桃了，开个淘宝店，我包你们一年挣个十几万元。第二年他们自己三四户人家，就那么开起来了，到2008年我们这里有7户人家，到2009年就有9~10户了，自己人带起来了”——白牛村党支部书记J(白牛村案例)</td></tr>
<tr><td>“因为我以前对宜家有点印象，而且比较喜欢它的风格，偶然一次在宜家看到简易家具，我感觉这个东西应该可以自己做，而且利润应该还可以，我就拿样品到周边村镇找木工和家具厂，将近1个月时间找了二三十家，周边乡镇都跑完了，最后回到沙集这边，有个熟人介绍，对方有个小家具厂，就找他做，做了之后价格合适，做工也还可以，就从那开始”——东风村网商带头人S(东风村案例)</td><td rowspan="3">模式Ⅱ：企业家精神、(市场)机会牵引</td></tr>
<tr><td>“2006年的时候做淘宝店，那时候跟一个朋友学，他教我注册店铺账号、发布产品，当时他卖户外用品，国内好像没什么人做，我觉得这个肯定是一个趋势，未来中国会有越来越多的人喜欢，就选择了户外用品类目，当时产品从义乌市场进货”——北山狼创始人L(北山村案例)</td></tr>
<tr><td>“2010年，我们村任庆生在老婆周爱华的建议下开了村里第一家网店，销售演出服饰，慢慢带动周围的亲戚朋友把产业做起来了”——丁楼村网商L2(丁楼村案例)</td></tr>
</table>

续表

变量	典型例证	要素归纳
包容性创新驱动因素	“当时洛阳市商务局副局长胡大鹏调任伊滨经济开发区管委会主任，他对电子商务非常懂行，选的庞村镇，因为这里产业非常好。2016 年 2 月签约启动淘宝村项目，当时针对网商新开店奖励 1000 元，通过培训沉淀了 135 家活跃店铺，8 月申报淘宝村时销售额突破 2000 万元”——电子商务服务商闪讯电子科技总经理 Y(掘山村案例)	模式Ⅳ：(政策)机会牵引
	“2015 年的时候在洛阳市召开了‘互联网 + 教育’大会，孟津县委书记去了，去了之后就说电子商务的培训非常重要，闪迅你作为淘宝大学的服务商，来孟津县把整个乡镇的培训规划做出来，第一期培训搞完之后，当时县统战部牛部长说这样培训的话，点扩散得比较大，我们牡丹画这么好的产业为什么不能去生根呢？就在这样一个背景下我们来做牡丹画”——电子商务服务商闪讯电子科技总经理 Y(平乐村案例)	
	“2018 年 5 月政府启动南石山淘宝村项目，到 8 月底申报淘宝村，期间镇政府补贴营业额的 3%，就是不管销多少，都给 3% 的奖励”——南石山村网商 W(南石山村案例)	
淘宝村创新集聚	“我们青岩刘村有像这样的共享直播间，还有共享的办公场地，免费给初创者提供工位和电脑。其实做电商很忌讳闭门造车，在孵化中心大家都在努力，氛围感染就不一样，他们在这里最大的好处就是相互之间能交流”——青岩刘村团支书 L(青岩刘村案例)	集体学习、降低壁垒、规模效应、产业外溢
	“公司老总平时通过协会与同行企业老总交流还是比较多的。在城市里面建立这个圈子比较困难，但是在县城来讲还是比较容易的，大家熟悉，交流起来比较方便，这个比较有意思，大家都是老板，但又是竞争关系”——帕米尔羊绒制品有限公司主管 L(东高庄村案例)	
	“协会基本上在淡季的时候组织培训学习，培训的内容是多样化的，比如行业本身的技能培训、行业规范方面的培训、法律法规方面的培训，还有食品安全方面的培训”——白牛村电商协会秘书长 Z(白牛村案例)	
	“我们这已经形成了一条完整的产业链，有木材销售、家具加工、加工机械销售和维修，还有物流快递、网店设计、产品拍摄，这个产业链对网商帮助太大了，说实话，想做新产品速度非常快，要原材料打个电话，10 分钟就送来了，原材料账期看你的诚信度、合作次数、合作总量，门槛还是很低的，因为都是乡里乡亲的在做，和陌生客户不一样”——东风村网商 W(东风村案例)	
	“电商园区建好我们的仓库搬回北山村，那对整个北山村的电商肯定是有帮助的。因为我们现在是给他们供货，北山村的电商大部分卖我的产品，他不需要库存，我可以给他做一件代发了”——北山狼创始人 L(北山村案例)	

续表

变量	典型例证	要素归纳
淘宝村创新集聚	“像我们村里的人经常会在一起交流,今年卖多少,做什么款式,大家共同研究一下,因为演出服市场就那么大,如果大家竞品严重会很难做,电商协会竞品这一块他们也会主导,因为一个款式太多的人做就会互相压价”——丫丫服饰创始人S(丁楼村案例)	
	“这边是庞村钢制家具电子商务孵化基地,包括六大功能,分别是淘宝村运营中心、中国钢制家具网品牌运营中心、钢制家具电商协会、网商培训孵化中心、电商产业办公室、多媒体会议中心和众创空间。闪讯电子科技有6个人常驻淘宝村运营中心,学员们有问题可以随时来问,比如基础美工等。需要拍照这里也有免费的拍摄场地”——庞村镇电子商务管理办公室主任Z(掘山村案例)	
	“我们的产品有规模,有公司(牡丹画产业园运营商),有画家团队,有电商服务商,有(淘宝网)平台,有(电商孵化)基地,有物流,有装裱,洛阳牡丹画地域风格基本形成了,已经初具规模,产业链上各个环节基本都有了”——平乐镇镇长S(平乐村案例)	
	“我们过来帮助学员,比如提供专门拍照的房间,学员把货拿过来我们给它拍照,拍照完之后构图修图,做到店铺详情页里面,就是帮他们把这些基础的工作做好。另外就是帮忙运营店铺,我们这个爬虫系统专门从淘宝后台抓取店铺的实时数据,比如看一下去年的成交量数据,哪个月销量是比较高的,也就是我们平常所说的旺季,那我们今年就可以提前备货,另外还看热销产品排行,这都是实时数据,华尔街牛、龙摆件、十二生肖,目前都是比较受欢迎的,现在用数据说话是最准确的”——电商孵化基地工作人员L(南石山村案例)	
包容性创新	“做淘宝的人,我个人观点认为,其实是最没有门路的人,他想创业只有走这条路。这种人没有其他任何资源,只能自主创业,那么做淘宝开网店门槛是低一点。正是这些人造就了一个一个的创富神话,有的传奇公司两三年创始人就做成大老板”——青岩刘村党支部书记M(青岩刘村案例)	机会创造、福利增长
	“我觉得网络为年轻人创业提供了一个非常好的平台,这是机会”——宏业羊绒有限公司董事长F(东高庄村案例)	
	“2018年我们白牛村人均收入是33000多元,网销额是4.2亿元”——白牛村电商协会工作人员J(白牛村案例)	
	“有一定文化知识和劳动能力的村民,都来学习网上销售,有几户五六十岁连电脑都不会,叫子女或是同村人,教他先用两个手指打网上最流行的卖东西那几个字,最后硬叫年轻人培训会了”——沙集镇政府科长W(东风村案例)	
	“这里被社科院信息化研究中心主任汪向东总结为北山模式,自发展农村电子商务以来,北山村的农民人均纯收入从2006年的3311元增加到2014年的13926元”——壶镇镇电商协会秘书长N(北山村案例)	

续表

变量	典型例证	要素归纳
包容性创新	“曹县电商产业带动了2万余人精准脱贫，占脱贫人口的20%，其中32个省级贫困村发展成为淘宝村，实现整村脱贫，‘电商+产业+贫困户’的曹县精准扶贫新模式被商务部官网作为地方经验全面推广”——曹县电子商务服务中心主任L+大美曹县宣传视频（丁楼村案例）	
	“庞村镇通过组织电商培训，以创业带动就业，打造了洛阳首批中国淘宝村。截至2017年4月，举办电商培训班15期，累计培训学员1350人，开设淘宝店铺931家，其中活跃店铺463家，新增就业岗位2100多个，线上交易额超过6000万元”——电子商务服务商闪讯电子科技驻庞村镇工作人员S（掘山村案例）	
	“我自己感觉最大的变化是什么？价值提升！我们刚去平乐的时候，牡丹画50元、80元、100元卖啥价位的都有，我们第一年进去的时候基本上是在168元、198元、268元这个价位。从去年开始，他们网销就做得非常好，裱框基本上一幅画能卖到1000元左右，就是随便一个农民画家，都在380元到980元之间”——电子商务服务商闪讯电子科技总经理Y（平乐村案例）	
	“去年申报淘宝村时，沉淀下来活跃店铺68家，销售额2000多万元。我们这儿从事电商行业的男女占比特别有意思，男性有44人，占比36%，女性有77人，占比64%，在我们这地方女性撑起半边天，带动就业岗位”——电商孵化基地工作人员L（南石山村案例）	

附录4　调研照片(部分)[①]

一、模式Ⅰ自发驱动型淘宝村

1. 浙江省金华市义乌市江东街道青岩刘村

图1　青岩刘村主街牌坊

图2　青岩刘村党群服务中心

图3　青岩刘创业孵化中心

图4　青岩刘村电商直播运营中心

---

①感谢曾亿武、贾培晓、左臣明、郑春雨、王毅等人在调研取照过程中提供的帮助。

2. 河北省邢台市清河县葛仙庄镇东高庄村

图5　东高庄村村口

图6　东高庄村村景

图7　清河县网红主播孵化基地

图8　清河县网商直播

3. 浙江省杭州市临安区昌化镇白牛村

图9　白牛村电子商务公共服务中心

图10　白牛电商小镇布局

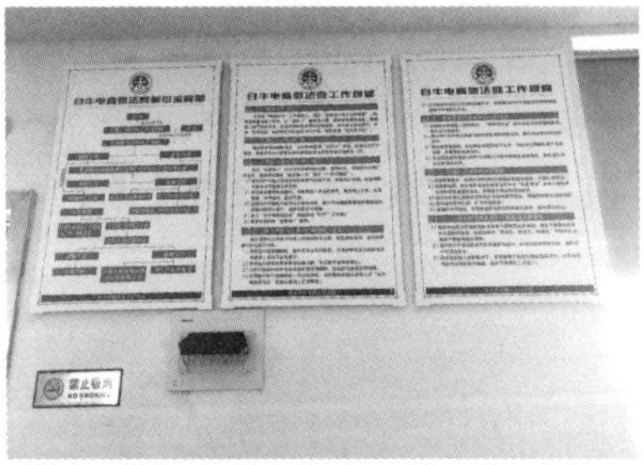

图11　白牛电商法庭简介

图12　白牛村电商大户

4. 山东省滨州市博兴县锦秋街道湾头村

图13 湾头村草柳编编工

图14 湾头村电商打包发货

图15 博兴县电子商务公共服务中心

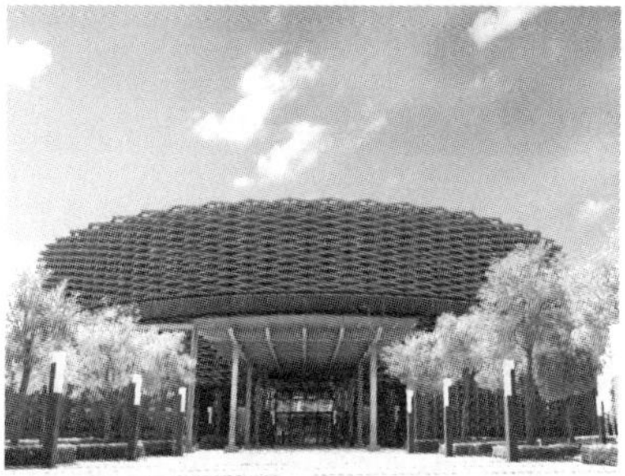

图16 博兴县草柳编文化创意产业园

5. 江苏省宿迁市沭阳县颜集镇堰下村

图17 堰下村多肉种植大棚

图18 堰下村喇叭播报花木采购信息

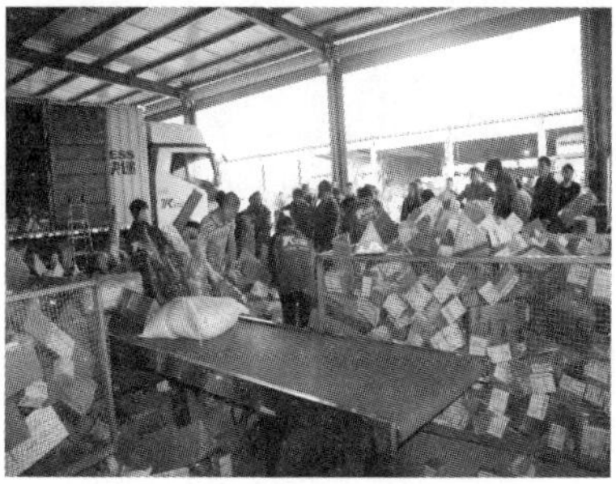

图19 颜集镇物流快递站点

图20 堰下村电商打包发货

二、模式Ⅱ自发培育型淘宝村

1. 江苏省徐州市睢宁县沙集镇东风村

图21　东风村板材供应商生产车间

图22　金多喜工厂展厅直播间

图23　沙集镇小镇客厅内景

图24　沙集镇电商带头人

2. 浙江省丽水市缙云县壶镇镇北山村

图25　北山村村委会

图26　北山村网店

图27　北山狼公司网销产品

图28　北山狼公司仓库

3. 山东省菏泽市曹县大集镇丁楼村

图29　丁楼村主街

图30　曹县精品汉服

图31　大集镇电商产业园生产车间

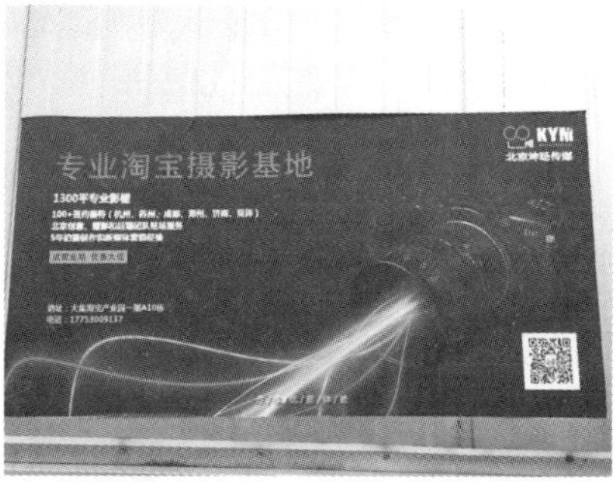

图32　大集镇摄影服务商

4. 江苏省连云港市灌云县伊山镇新村

图 33　新村社区居委会

图 34　灌云县衣趣小镇指挥部

图 35　灌云县网商生产车间

图 36　灌云县网销产品

5. 广东省揭阳市揭东区锡场镇军埔村

图 37　军埔村主街

图 38　军埔村电商先行人物

图39　军埔村电商培训中心

图40　军埔村电商仓库

三、模式Ⅳ政府驱动型

1. 河南省洛阳市洛龙区庞村镇掘山村

图41　庞村镇钢制家具电商孵化基地展厅

图42　掘山村电商交易大数据

图43　庞村镇钢制家具生产车间

图44　庞村镇钢制家具产品

2. 河南省洛阳市孟津区平乐镇平乐村

图45　平乐牡丹画产业园画室

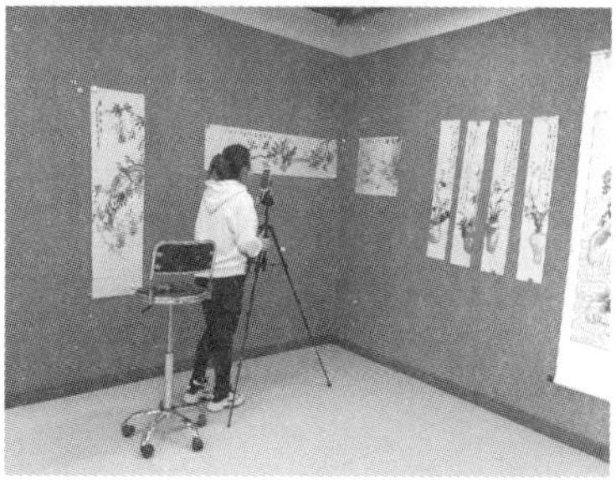

图46　平乐村网商直播间

图 47　平乐镇物流快递站点

图 48　平乐镇牡丹画精品

3. 河南省洛阳市孟津区朝阳镇南石山村

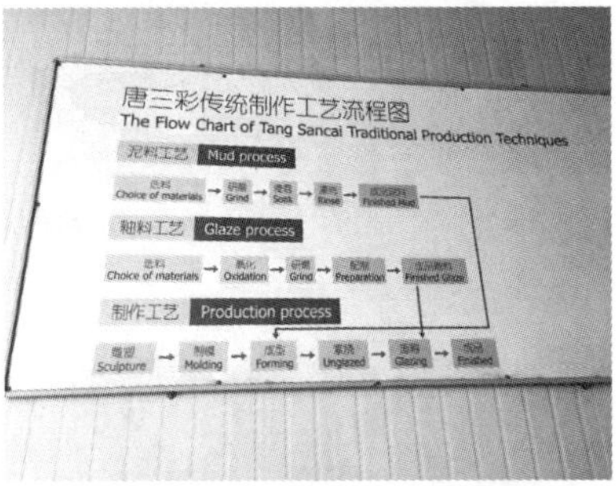

图 49　唐三彩制作流程

图 50　唐三彩塑形

图 51　南石山村张家彩窑

图 52　南石山村淘宝村优秀网商奖杯

4. 河南省洛阳市孟津区送庄镇东山头村

图 53　送庄镇农产品电商孵化基地

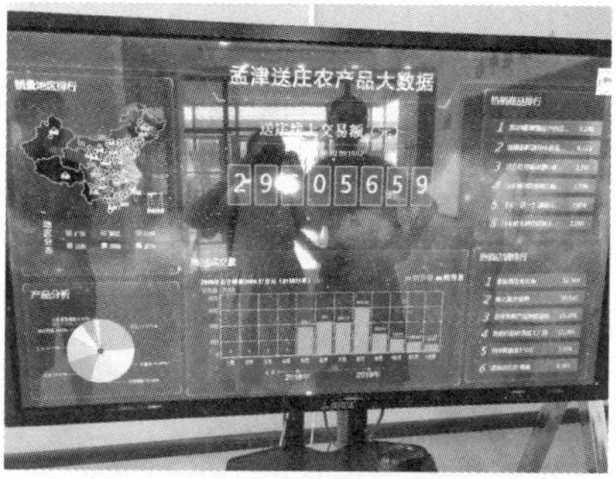

图 54　送庄镇农产品电商大数据

图 55　送庄镇网销四大特色农产品

图 56　送庄镇农产品知名品牌

5. 河南省南阳市镇平县侯集镇向寨村

图 57　向寨村养殖户

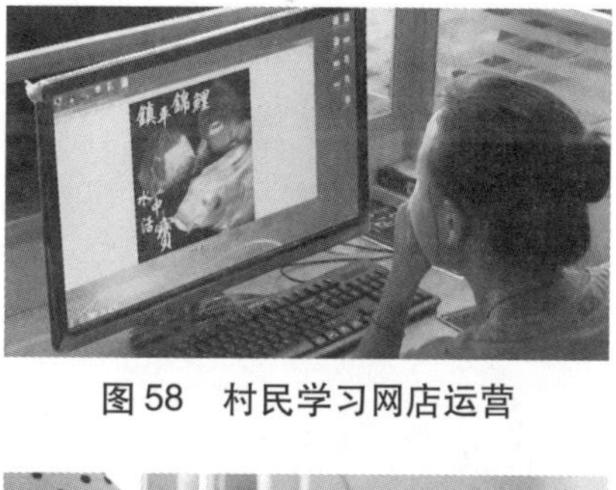

图 58　村民学习网店运营

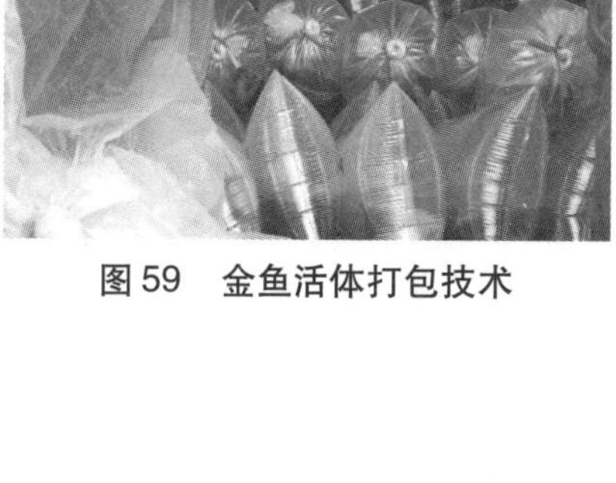

图 59　金鱼活体打包技术

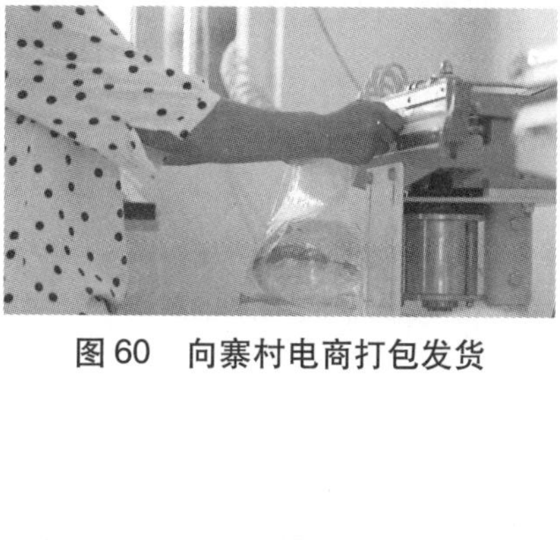

图 60　向寨村电商打包发货

后　记

本书为国家社会科学基金一般项目“中国淘宝村包容性创新模式、机理及演化路径研究”(18BGL035)成果,三年多项目执行期所收获的知识、感悟及成长,伴随着结题证书上的鉴定优秀字样,无疑为本人后续的学术生涯奠定了坚实的里程碑。

感谢吴晓波教授、郭斌教授、黄灿教授、吴东副教授。四位老师对本书的框架结构、理论模型、研究方法、行文表述等给予了极富洞见的启发与建议,他们儒雅的气质、渊博的知识、谦和的风度、细致的答疑每每点亮本人学术前行道路上的明灯。

感谢浙江树人学院应用经济学科与省属高校基本科研业务费专项资金项目的出版资助,以及浙江大学出版社编辑们的热情帮助,在此表示由衷的谢意。

最后,感谢我的家人,尤其是九岁的儿子钟天元,是你带给我神奇的力量,你的笑容永远是我生命的风帆!

由于本人学术水平所限,本书存在诸多不足之处,将在后续研究过程中进行完善与拓展。谨以拙文,献给所有我爱的人和爱我的人!

范轶琳

2022 年夏于港湾家园